"促进主动学习的英语阅读课堂教学改进行动"丛书

Action Research Series on Facilitating Active Learning in the EFL Reading Classroom

■ 丛书主编 葛炳芳

U0647118

主动学习视阈下的
英语阅读教学：回应所学

Facilitating Active Learning in the EFL Reading Classroom:
Responding to Input

···························· ◎ 丁立芸 蔡珍瑞 彭志杨
陈华露 蔡夏冰 　著

ZHEJIANG UNIVERSITY PRESS
浙江大学出版社
·杭州·

图书在版编目（CIP）数据

主动学习视阈下的英语阅读教学. 回应所学 / 丁立
芸等著. — 杭州 ：浙江大学出版社，2025. 6（2025.10
重印）. —（"促进主动学习的英语阅读课堂教学改进行
动"丛书 / 葛炳芳主编）. — ISBN 978-7-308-26241-5

Ⅰ. G633.412

中国国家版本馆 CIP 数据核字第 2025FQ5228 号

主动学习视阈下的英语阅读教学：回应所学

丁立芸　　蔡珍瑞　　彭志杨　　陈华露　　蔡夏冰 **著**

责任编辑	陶　杭
责任校对	王同裕
封面设计	刘依群
出版发行	浙江大学出版社
	（杭州市天目山路 148 号　邮政编码 310007）
	（网址：http://www. zjupress. com）
排　　版	大千时代（杭州）文化传媒有限公司
印　　刷	杭州杭新印务有限公司
开　　本	880mm×1230mm　1/32
印　　张	3.75
字　　数	106 千
版 印 次	2025 年 6 月第 1 版　2025 年 10 月第 2 次印刷
书　　号	ISBN 978-7-308-26241-5
定　　价	28.00 元

丛书总序
FOREWORD

　　2009—2015 年浙江省高中英语教研聚焦"基于综合视野的英语阅读教学改进行动"这一主题开展了三轮研究,出版专著 15 册。该项研究强调了"内容、思维、语言"的融合,也重视阅读策略的体验式学习,其成果获得"2018 年基础教育国家级教学成果奖"一等奖。我有幸为这套专著写过三篇序。当时我的心情无比兴奋,就好比在"教材难度大""应试压力大"的阴云笼罩下看到了光芒,使我对英语教育发展增添了信心。

　　根据教育部颁布的《普通高中英语课程标准(2017 年版 2020 年修订)》(简称"课标")编订的高中英语教材已经投入使用了数年。我曾亲耳听到一位资深的英语教师说,尽管教材按照课标的精神要求培养核心素养编写,实际上课堂上还是"满堂灌,忙刷题"。这多少有点令我感到心凉。然而,去冬今春我陆续收到了浙江省教育厅教研室葛炳芳老师发来的"促进主动学习的英语阅读课堂教学改进行动"丛书书稿,研究课题为"主动学习视阈下的英语阅读教学",共设六个分题:1. 理论与实践,2. 自主提问,3. 活动参与,4. 回应所学,5. 意义建构,6. 师生责任,共六册书。数十位作者都很年轻,但都热情好学、勤奋读书、联系实际、钻研教学、集体磨课,以求最大限度调动学生的主动学习积极性。这些教师虽然年轻,可站得高、望得远、钻得深、干劲足,他们的课例几乎运用了人教版高中必修和必选的阅读与思考板块的全部课文。而且任课老师不怕评判,反复打磨,直至课题组成员都感到满意为止。我拿到这套书时正值数九寒天之际,而看到他们这种顽强拼搏的精神恰似初春的阳光温暖了我这颗年迈的心,也又一次扫除了我心中的雾霾。

这套书集中反映了近几年浙江省的一线老师利用新教材在贯彻高中英语课标精神的实践中的新创举,主要在原有的"英语阅读教学综合视野"理论的基础上,进一步开展了英语阅读课堂教学中学生主动学习能力培养的实践与研究。这完全符合教育部颁发的课标中提出的为立德树人,培养语言能力、文化意识、思维品质和学习能力核心素养的要求。英语教育中的知识和能力维度得到重视,以主题意义加工为核心的课堂教学思路得到认可,英语学习活动观得到贯彻,"教—学—评"一体化的理念得到广泛认同。梳理高中英语课标,我们发现,无论是"核心素养",还是"教学建议"中提及的实施意见,归根到底,是要求广大教师重视培养学生主动学习、自主学习的能力。学生学会学习是学校教育的根本任务。

从研究教师的教到研究学生的主动学,这是一个不小的变革。自古以来,我们的课堂上一贯是老师教学生学、老师问学生答,其实,我们的先人孔子也曾鼓励弟子"敏而好学,不耻下问""博学而笃志,切问而近思"。然而,千百年来的科举制度遗毒未尽,至今应试教育致使课堂上仍然存在花大量时间刷题以应对高考的现象,哪能让学生主动发问并发表自己的独立见解啊!要知道,我们与西方教育的不同之处在于我们的学生勤奋好学、聪明善记、尊师重教,而独立思考、发现、发问、动手实践能力逊色。这也许是近百年我国科技落后的原因之一吧。为了彻底消除教育中的弊病,随着改革开放的深入,我国的教育不仅从突出智育转变为突出素质,而且当下提出为了发展新质生产力,教育亟须深化改革:课程体系更新、教学方法创新、评价体系改革,实现教育公平,开展国际化教育,培养具备探索未知世界的自主创新精神。可喜的是,目前高考制度也在改革,减少了唯一正确答案的试题,增加了跨文化语篇、考查独立思考和语言运用能力的试题。这对课堂教学改革产生了正能量。"主动学习视阈下的英语阅读教学"课题研究就是在这样的背景下进行的。

此课题的领导者葛炳芳老师首先从理论上阐述了主动学习能力是学生学习过程中的一种策略,是学习的体验,是心理活动,也是对自身能力的认识。它能使学生将新知与已知联系起来形成新的理解,能提高学习的兴趣,并提高学习的动机和信心。培养主动学习能力就要强调学生在课堂教学中的自主提问、活动参与、回应所学和意义建构等学习活动和过程,并以师生责任平衡去调整教与学的行为。这一理论,涉及英语阅读课堂教学的方方面面。葛老师在书中引用了马瑾辰老师的生动课堂教学,验证了该书所倡导的理论。

我虽不能亲临现场观摩课堂教学,但是丛书中的教学课例让我受益颇多。首先,我了解到教师如何以情感支持和鼓励提高学生的自主提问意识,并引导他们思考文本主题、内容、语体、语篇和语言、修辞等,设置疑问,互动探讨。学生由浅度思维提升为深度思考,由"不想"到"会想"到"善提问"。这无疑是教改中的一大进步。

除了要培养学生的自主提问意识,还要围绕主题意义,结合实际设计有层次性、关联性、综合性、迁移性、有效性的活动。为了激发学生积极主动参与,在意义协商中主动建构和完善自身的知识体系,活动必须给予学生尊重感、安全感、归属感和价值感,维护其主体地位。活动设计需要师生共建、同伴分享、小组合作、多维互动。活动形式多样,如小组讨论、角色表演、观看影剧、对话演剧等,此外,还可以采用比赛和评价的形式。

回应所学不是对教学内容的简单复述,而是通过内化所学知识,以深刻且富有见解的方式进行表述。为使学生进行综合性的回应,迁移和夯实所学内容、语言和提高思维能力,要设计引人入胜的语境,如运用多模态教学模式,可视性方式(绘图、思维导图等),采访,做项目等。书中有许多生动的例子,让学生在学习过程中进行有效监控、调整、协商、建构,最终理解主题,创建实践性强并具有创新思维的活动。

意义建构的过程中学生需要独立思考,主动探索文本,与文本进行多维对话和意义协商,形成对问题的观点和见解,构建对文本内容和主题意义的理解并表达"新"的思想。阅读中运用建构主义理论要求教师给予学生无干扰阅读的时间和空间,并适时给予指导,使学生能够自行梳理细节信息,对语篇内容进行深刻理解、阐释分析、判断推理等意义加工,亲历思考、比较和体悟。

主动学习视阈下的英语阅读教学中,师生的责任有所改变,教师由讲授者转为引导者,有协商、组织、激励、营造支持性环境的责任;学生由被动接收者转为主动探索者,自主阅读、思考提问、建构新知、感悟主题意义、创新表达。确定了 RIAE① 英语自主阅读教学路径,即"激活与关联"、"释疑与建构"、"评价与批判"及"运用与表达"。此外,教学反思与改进,不仅强调教师的反思和评价,更包括学生的反馈机制,使形成性评价得到真正的落实。教师设计符合学情的教学目标有利于因材施教,教师多样化的亲切语言会令不同层次的学生产生终生难忘的情感反馈。

课题研究组运用了大量的课例来验证上述理论。我饶有兴趣地阅读这些课例时,时常为其中精彩的段落所感动,特别是看到有的学生流畅地用口语或文字表达自己的见解时,我情不自禁地拍案叫好。对于教师提供的有效支架我也在批注中加以点赞。我多么希望能看到更多类似的教师研究行动,不仅限于听读理解,还有说写表达;不仅限于阐述,也要有辩论,更多地开展项目活动以发现学生的多元智能和创新思维;不仅有课本阅读,还有更多的学生自选的泛读。我还希望学生能利用多媒体资源、在线平台进行个性化学习,并利用选修

---

① RIAE:英语自主阅读教学路径,即 Relate(激活与关联)—Interpret(释疑与建构)—Assess(评价与批判)—Express(运用与表达)。

教材以充分发挥其自身的潜力。

　　近来,浙江等地在人工智能领域取得的成就举世瞩目,这表明,具有五千多年文明史的中国人不只会追赶,而定会超越西方,为世界做出更大的贡献。我坚信浙江省的基础教研工作者在已有成就的面前不会止步,而会继续砥砺前行,创造出更多成功的经验,为建设教育强国添砖加瓦,贡献自己的力量!

刘道义

2025 年 2 月 23 日

前　　言
SERIES EDITOR'S PREFACE

阅读文本之器,是字词句篇之形。读者依赖字词句篇、语修逻文,解码理解,加工意义;阅读文本之道,是人文生命精神。阅读,是感知、唤醒、体悟和激发;其对象,不仅仅是言语,更是思想、情感,甚至是精神创造。阅读是一个动态的意义建构过程。英语阅读教学中,学生要成为主动的阅读者和意义加工者。从教师的角度看,就是要在设计阅读教学活动时充分关注学生的安全感、归属感、尊重感、方向感,这是扎实开展自主学习、培养学生主动学习能力的前提。

2009—2015年,浙江省高中英语教研牢牢抓住"阅读教学"这个"牛鼻子",开展了三轮课题研究,出版专著15册,成果《基于综合视野的英语阅读教学改进行动》,获得"2018年基础教育国家级教学成果奖"一等奖。该成果以"文本解读"为逻辑起点,以突破"教什么"带动英语阅读教学的改进。2023年初,由我负责的"促进主动学习的英语阅读课堂教学改进行动"被立项为浙江省重点教研课题(课题编号:Z2023033)。我省的英语阅读教学研究又以"学习能力"为突破口,将显性的研究重心移到了"怎么教":培养学生主动学习的能力。

这一研究由以下六个主题组成(括号内为各小组成员,其中第一位为组长):

1.主动学习视阈下的英语阅读教学:理论与实践(浙江省教育厅教研室葛炳芳)

2.主动学习视阈下的英语阅读教学:自主提问(桐乡市凤鸣高级中学庄志琳、宋颖超、邓薇;桐乡市第二中学苏克银;桐乡市高级中学翁雨昕)

3.主动学习视阈下的英语阅读教学:活动参与(金华市教育教学研究中心徐钰;浦江县教育研究与教师培训中心洪燕茹;浦江中学楼优奇;金华市外国语学校丁亚红;金华第一中学琚玲玲、张帅)

4.主动学习视阈下的英语阅读教学:回应所学(温州市教育教学研究院丁立芸;温州中学蔡珍瑞、彭志杨、陈华露、蔡夏冰)

5.主动学习视阈下的英语阅读教学:意义建构(杭州师范大学附属中学汪向华;杭州第四中学下沙校区印佳欢;杭州师范大学附属中学苏殷旦;杭州第二中学钱江学校马瑾辰;杭州师范大学附属中学丁楚琦)

6.主动学习视阈下的英语阅读教学:师生责任(新昌县教育局教研室俞永恩;绍兴第一中学蔡红、沈剑蕾;新昌中学俞坚峰、言金莉)

在本研究中,我这样定义"主动学习":在英语教学中,学生在教师指导下逐步开展自主提问,主动建构意义,主动运用所学建立文本、作者、世界和自我间的关联,表达新思想。这样的学习过程,就是促进学生形成主动学习能力的过程。从教师的视角看,促进主动学习的英语阅读课堂教学改进行动,始于教师对教学材料的深度解读,涉及文本内容从细节理解到概念化再到结构化的梳理和提炼,同时这个过程中的语言学习得到同步考量,并由文本内拓展到文本外进行"出口任务"的设计。在教学活动设计与实施的过程中,教师围绕自主提问、活动参与、回应所学和意义建构,聚焦基于意义加工的语言教学中的师生责任平衡,在不同阶段以不同的方式逐步发展学生的主动学习能力。

本研究不仅基于先前的研究而开展,研究的范式和各子课题主题设计的思路也相同。一是研究主题的重合。无论是自主提问、活动参与、回应所学、意义建构还是师生责任,都相互交叉。无论以哪个视角为切入点,都与阅读教学的方方面面有关。二是我们依然采用行动研究的方式,深入常态课堂,以改进课堂教学。特别是我们每次的研讨课都是以所在学校的"教材自然进度"确定开课内容,以落实"做真实教研"的信条。三是继续走"草根"之路,用案例说话,用行动改进说话。四是我们仍以"大课题—小课题"的方式开展研究,平时以小课题组成员的研究为主,但是每半年都组织一次"大课题组活动",每一位成员都精心撰写并反思,并在全体成员面前分享各自的心得体会。

与过往课题研究不同的是,本课题研究的阶段性成果,都同步在全省的教研活动中得到推广,同步在全国各地的讲学中介绍,更是同步在全国各类期刊上发表。我们特别感谢《教学月刊·中学版(外语教学)》从 2024 年第 1/2 期合刊起,为我们开设了专栏,每期刊登1 至 2 篇课题组成员撰写的论文。从言语行为的视角,我们可以把包括这些小册子在内的一系列成果看成"主动学习的实践话语(rhetorical practice of active learning)"。

本丛书源于我们这个团队的深入研讨和实践改进,源于这个团队的精诚团结和无私奉献,源于这个团队的智慧勤劳和磨法悟道,源于这个团队触发灵感的文献分享、一丝不苟的课例研讨、触动灵魂的研究交流、瞻前顾后的研究作风,源于这个团队两年多来对主动学习或者主动阅读"是什么?为什么?怎么做?做了又怎样?"等问题的不懈思考和实践印证。正是这一切,帮助我们建立和夯实培养主动学习能力的信念,改进阅读教学实践。

我国基础英语教育泰斗刘道义先生,自 2009 年的阅读教研课题起都一直关心、支持、教导和鼓励我们踏踏实实做教研。我们在2011、2013、2015 年出版的小册子都是先生写的序。在这次课题研究成果出版之际,先生虽已 87 岁高龄,但仍欣然为我们作序。这实

主动学习视阈下的英语阅读教学：回应所学

在是我们莫大的荣幸。

在本丛书出版之际，我们特别感谢浙江大学出版社基础教育分社的编辑及营销团队，没有他们的帮助，我们的这些研究成果只能是"孤芳自赏"，广大中学英语教师也就没有机会阅读到这些资料，提升自己的英语阅读教学思想。

当然，由于作者水平有限，研究精力有限，书中如有不当之处，当由作者负责。敬请读者通过 gbf789@126.com 邮箱与作者交流。

乙巳初春于西溪

本书作者序
INTRODUCTION

　　两年前，带着对教学研究的憧憬和对自我提升的渴望，带着对前辈们的敬仰和对艰巨任务的忐忑，我和小伙伴一起加入了葛炳芳老师的"促进主动学习的英语阅读课堂教学改进行动"课题组。对于我和我的小伙伴们，这是一段充满挑战和机遇的旅程，它让我们从追寻光时的迷茫，到靠近光时感受到的温暖，再到努力让自己成为散发光的引路人。

　　还记得课题组成立初期我和小伙伴们的迷茫。一是对"回应所学"这个概念的陌生，二是对"做课题"的生疏。那时，我们感受到了巨大的压力！有幸与葛老师和课题组的各位专家同行，每一次的大组交流，每一次的小组研讨，每一次的文献学习，每一次的听课磨课，都像是点点微光，慢慢聚成照亮我们前行的一束光。这些基础知识和技能的积累，就像是我追寻光的脚印，虽然微小，却坚定而有力。在反复的文献查阅和课堂观察中，我们无不深刻思考那些点点滴滴的体悟。在这个过程中，我逐渐感受到了光的温暖，它不仅照亮了我们的研究之路，也温暖着组里每个人的心。每一次的小组讨论，我们提出自己的观点，相互质疑，一起思考，相互解答。我们课题组有一个很好的传统，让每一次讨论都成为组员的思维的碰撞。从不会因为我是组长，而有被"豁免批判"的特权；对同伴观点提出疑问的时候,我们从不停留在"你这样不好",而一定会跟上"那样是否更好"……就是在这样团结、融洽的氛围中,我们一起做教研。每一次的学习,每一次的磨课,每一次的讨论,我们都有所思考,有所收获。当课题慢慢接近尾声,我发现在这一路的学习中,我们收集到的点点微光也渐渐汇聚,变得更加明亮,逐渐形成一束束小小的光。我希望能将自己在课题中的研究成果,传递给更多的老师,使之更好地落实到日常的课堂教学中,从而改进教师的教和学生的学。

作为"促进主动学习的英语阅读课堂教学改进行动"研究的一项子课题,我们的研究主题是"主动学习视阈下的英语阅读教学:回应所学",全书共分五章。第一章介绍了研究的背景,介绍中外文献对主动学习中"回应所学"已有的研究成果。第二章通过课例对目前阅读教学中回应所学的现状和成因做了简要的分析,并提出了促进回应所学的阅读教学关注点,即关联已知、动态交互和指向表达。第三章是本书最重要的部分,以活动设计与课堂互动为抓手,从情境创设、交互设计、支架搭建、出口任务、意义协商、情感支持等角度入手,阐述促进回应所学的教学改进策略。第四章"促进回应所学的课堂实践与行动改进"通过一个完整的课例,详尽地还原了本课题组几次磨课改进教学以促进学生更好地回应所学的研究过程。我们细致地阐述课例的目标设定、教学环节和设计意图,并由学生回应所学的质量作为切入点反思教学过程,针对性地优化教学设计并总结这些改进措施的成效。第五章"研究与思考",总结了我们在本次研究过程中的收获和尚存的困惑。

对我来说,教研的路还刚起步。有幸在起点得到葛老师和众多专家的指导,有幸和这样一群志同道合的伙伴共同努力寻找光。两年来在课题组学习的收获,不仅仅是学做研究,更重要的是学做人做事。期待在未来的教研道路上,我们努力做更好的自己,能寻找到更强的光去照亮更多的人。

丁立芸

2024 年 9 月

目　　录
CONTENTS

第一章　研究背景 ……………………………………………… （001）

第二章　阅读教学中的回应所学 …………………………… （004）

一、回应所学的教学现状与原因分析 ………………… （004）

（一）教学现状 ………………………………………… （004）

（二）原因分析 ………………………………………… （008）

二、促进回应所学的阅读教学关注点 ………………… （012）

（一）关联已知 ………………………………………… （012）

（二）动态交互 ………………………………………… （014）

（三）指向表达 ………………………………………… （016）

第三章　促进回应所学的活动设计与课堂互动 ………… （019）

一、促进回应所学的活动设计 ………………………… （019）

（一）情境创设：提供真实体验，激发回应动机 …… （020）

（二）支架搭建：设计可视支架，辅助迁移所学 …… （025）

（三）交互设计：整合多维互动，促进意义关联 …… （031）

（四）出口任务：综合课堂所学，促成优质表达 …… （038）

二、促进回应所学的课堂互动 ……………………………… (045)

（一）意义协商：开展多轮对话，优化回应质量 ………… (045)

（二）情感支持：营造安全氛围，维持回应状态 ………… (052)

第四章　促进回应所学的课堂实践与行动改进 ………… (059)

一、课例背景 ……………………………………………… (060)

二、初次实践 ……………………………………………… (061)

（一）教学目标设定 ……………………………………… (061)

（二）教学环节呈现 ……………………………………… (061)

三、课例反思 ……………………………………………… (068)

（一）内容铺垫不足，致使回应偏差 …………………… (069)

（二）思维挖掘不深，致使回应浅显 …………………… (069)

（三）语言输入缺乏，致使回应单一 …………………… (070)

四、实践改进 ……………………………………………… (070)

（一）教学目标重设 ……………………………………… (070)

（二）教学改进与说明 …………………………………… (072)

五、结论与共识 …………………………………………… (084)

（一）巧用多样方式激发学生回应所学 ………………… (084)

（二）关注语言思维促进学生回应质量 ………………… (086)

第五章　研究与思考 …………………………………… (088)

一、体验与收获 …………………………………………… (088)

（一）营造优质回应环境 ………………………………… (089)

（二）巧用丰富回应手段 ………………………………… (090)

（三）推动深度回应生成 ………………………………… (091)

二、过程与感悟 …………………………………………… (092)

三、后续研究启示 ………………………………………… (095)

参考文献 ………………………………………………… (099)

第一章

研究背景

    《普通高中英语课程标准（2017 年版 2020 年修订）》（以下简称"课标"）强调高中英语课程应发展学生的语言能力、文化意识、思维品质和学习能力等英语学科核心素养（教育部，2020：2），而培养学生主动学习的意识和能力是达成这一目标的必要条件。在英语教学中，主动学习指的是学生在教师指导下逐步开展自主提问，主动建构意义，主动运用所学知识建立与文本、作者、世界和自我间的关联，从而表达新思想（葛炳芳，2024：53）。在这一过程中，回应所学，即关联已知、主动思考、回应输入（葛炳芳，2024：54），发挥着重要的作用——帮助学生在反思和交流中理解和内化知识，深层次建构意义，从而促成学习的发生。

    作为高中英语教学的重要组成部分，阅读教学理应基于主动学习视阈开展，以落实学生核心素养的培育。但是传统的英语阅读教学过于注重知识从教师到学生间的单向传授（Ginsburg，2010：62-74），无法适应学生主动学习能力发展的要求,容易导致学生在阅读输入环节,学习动机弱,课堂参与度低,缺乏感知和体验,难以建立新知与旧知的关联,出现理解和认知上的偏差,而影响系统化的意义建构;在输出环节,主动表达的意愿低,未能主动关联所学,无法对课堂所学的内容进行主动且合理的迁移和创新。因此,如何在高中英语阅读课堂教学中设计有效的教学策略和活动,引导学生主动思考、主动回应,以促其主动学习能力的有效提升,是一个亟待解决的问题。

培养学生主动学习的能力一直以来受到专家和学者的重视,Holec(1981:3)提出培养学习者主宰自己学习的能力;Cross(1977:1-15)指出学习者积极主动参与的学习比被动参与学得更好;Bonwell & Eison(1991:2)指出学生主动体验学习过程,学生的参与程度决定了主动学习的层次。然后,众多关注主动学习的研究更侧重研究教师的教学改变,很少关注学生在课堂上的真实回应。决定学生主动学习效果的因素众多,如时间、任务、时机、任务单、评价等诸多变量,而回应性、结构化是自主阅读课堂中极具挑战的因素(葛炳芳,2021a:3-6)。引导教师积极转变思维方式,在关注任务设置的同时,主动观察学生课堂反应,关注课堂交互质量,调整师生角色平衡,以更好地激发学生关联已知,回应所学,达到在出口任务中主动表达,促成知识迁移。课标提出,在情境中通过体验、感知和互动,教师引导学生针对语篇背后的价值取向或作者态度进行推理与论证(教育部,2020:63)。Ginsburg(2010:62-74)进一步指出,师生互动可以逐步改变教师主导的传统教学模式。本次研究聚焦回应所学的视角,回看并研究课堂中的情境创设、支架搭建、交互设计、出口任务设计等策略的实施,以期更好地提高学生的主动学习。

　　综上所述,教师要引导学生发挥学习主动性,逐步实现主动关联已知进行信息加工和意义建构,主动运用所学实现知识的有效迁移和创新,深化认知从而提升思维品质的发展。本研究聚焦教师设计与实施促进学生主动学习过程中回应所学的策略,以培养和提升学生主动阅读的能力。课题组从促进回应所学的阅读教学三个关注点,即关联已知、动态交互、指向表达入手,立足活动设计和课堂互动两个维度进行思考。课题组通过不断教学实践和反思,总结教师可以从情境创设、支架搭建、交互设计、出口任务设计等方面改进活动设计,从意义协商和情感支持等方面完善课堂互动来培养学生回应所学的能力,以提升学生主动学习的效果。

> 教师可以从情境创设、支架搭建、交互设计、出口任务设计等方面改进活动设计,从意义协商和情感支持等方面完善课堂互动来培养学生回应所学的能力,以提升学生主动学习的效果。

我们还将用一个完整的课堂教学改进案例展示我们的实践与思考,以期为促进学生主动学习提供借鉴与启示。

第二章

阅读教学中的回应所学

一、回应所学的教学现状与原因分析

（一）教学现状

课标指出，21 世纪的公民必须具有终身学习的意识和自主学习的能力。在英语阅读教学中，教师要引导学生发挥学习主动性，逐步实现主动关联已知进行信息加工和意义建构，主动运用所学实现出口任务的有效迁移和创新。但当下灌输式、控制型的英语阅读教学模式容易导致学生在课堂中的回应出现以下两种现象：

1. 缺乏回应

在当前的英语阅读课堂中，大多数教师关注的都是如何帮助学生解读文本、学会阅读，却时常忽略了阅读课不是一味地输入，课堂上的输出也是阅读的重要环节。没有回应的阅读课只能是走马观花，只有读而没有思。

叶立军和彭金萍(2013:44)指出,当前课堂中存在着"课堂沉默"的现象,即在教师提出问题之后,学生因为信息接收不畅、信息理解出现偏差、困难或者根据现有信息无法作出判断等原因,而表现出长时间的"无语状态",最终的学习效果往往是低效甚至是无效的。这种学生"话语权"的缺失并非当下英语课堂的特例,甚至成了一种普遍现象(董艳焱,陈宏,2010:49)。

2. 低质回应

除了缺乏回应之外,课堂上还存在着另一种回应的问题,即低质回应,包括浅层回应、无效回应和被动回应等。虽然学生对于老师的提问有所应答,但是应答的内容往往不尽如人意。有些教师会反复提问同一问题,只为得到自己预设的答案,这样既影响了课堂进度,又让学生的回应显得刻意。还有一部分教师则会直接忽视学生的回答,继续推进课堂内容,却忽略了学生回应本身就是教学的落脚点之一。

浅层回应指的是,在阅读文本、加工信息的过程中,学生缺乏关联意识,不能综合处理课堂上获得的文本信息,割裂式解读文本内容,浅层化、碎片化地回应所学,未能对文本进行结构化梳理,无法深层次理解文本的主题意义。

例如,某教师执教人教版高中英语必修一 Unit 4 Reading and Thinking:*The Night the Earth Didn't Sleep* 时,读中设计了略读和细读两个环节。学生略读文本,划分段落并概括每部分的大意,了解唐山大地震的基本情况。然后教师请学生细读文本,通过逐段梳理细节,了解唐山大地震的破坏力和震后的救援重建工作,以及人们在整个过程中的反应和感受。教师针对五段内容共设计了以下 8 个问题:

Para. 1（signs）：

Q1：What are the signs before the earthquake?

Q2：How did people react to these signs?

Paras. 2-3（damage）：

Q3：What damage did the earthquake cause?

Q4. How was the damage?

Q5：How did people feel during the earthquake?

Para. 4（rescue）：

Q6：How did people feel about the rescue work?

Q7：Why did they feel so?

Para. 5（revival）：

Q8：What helped in the revival of Tangshan city?

这8个问题都是指向表层信息的展示型问题，这样的问题设计限制了学生的思维活动，剥夺了学生自主深入加工信息的机会，导致学生回应浅层化。教师可以设计一些参阅型和评估型问题，如"How does the author show that these signs were strange?""How does the writer show the damage?""What do you think of the rescue work?"。这些问题能够引导学生根据语篇线索分析、推理判断文本的深层含义，促成学生对文本的深层回应。

无效回应指的是，教师根据预设的教学目标设计相应的出口任务后，学生在回应的过程中未能有效利用阅读过程中建构的意义，将其运用到出口任务中，学生的回应与本课所教所学产生差距。

例如，某教师在执教人教版高中英语必修一 Unit 5 Reading and Thinking：*The Chinese Writing System：Connecting the Past and the Present* 时，教师在读中环节引导学生进行结构化阅读，提炼出了中国书写体系的发展历程并总结概括了影响汉字体系发展的因素，也基于这些信息进一步提炼了中国书写体系对文化传承的具体影响。然后在读后环节,教师根据最后一段的一句"People are beginning to appreciate China's culture and history through this amazing language.",从语言的魅力入手设计了一个情境,即外国访问团来你校访问,请你通过汉字向外国友人介绍中国的历史和文化。请举例说明你将如何介绍中国汉字。教师通过这个指令"How will you show China's culture and history through this amazing language? Please give examples."来布置任务。这个读后任务要求学生举例说明自己如何通过汉字这一文化形式向外国友人介绍中国的文化和历史。学生的呈现如下:I would introduce Chinese culture and history through Chinese characters by organizing a Chinese calligraphy exhibition. I would invite members of our school's calligraphy club to write various Chinese characters with brushes on rice paper. 该语言输出和阅读的输入看似相关,实则不匹配。这种读后活动的回应所学显然是无效的。

被动回应指的是,学生无法主动思考、主动地回应老师的提问,在课堂教学中,由于缺乏提问技巧,教师往往唱独角戏,致使学生处于被动的学习状态中(吕晓雅,肖克义,2013:38)。被动回应现象的产生,与学生的语言水平、自主学习能力有关,也与教师的提问策略、课堂教学方式有关。例如,某教师执教人教版高中英语选择性必修三 Unit 4 Workbook:*An Excerpt from the Old Man and the Sea* (adapted)时,关于老人品质的分析,与学生有如下对话:

T:What do you think of the old man?

S1：He's a good fisherman.

S2：Why do you think he's a good fisherman? What are his qualities?

S3：He's strong.

S4：He is patient.

T：Yes. Santiago shows great strength and patience. He's also characterized by his courage and wisdom.

S：…（学生们没有进一步的回应或提问。）

教师的提问策略对学生的参与度有很大影响。这个互动片段中，教师的提问过于宽泛，也缺乏引导性，导致学生只是被动地给出简短的回答，没有回到文本深入细节去谈论老人的品质。教师需要不断反思和调整自己的提问策略，通过提出具体和开放式的问题，如"Do you agree with my comment? What do you think? Why do you think so?"以促进学生的主动学习和参与，从而激发学生的思考和深入讨论。

（二）原因分析

1. 未考虑回应的主体

课堂上的回应所学问题的产生主要在于教师的提问常常脱离回应的主体。问题是否适合学生的现有知识水平和认知能力将直接影响提问的效果（吕晓雅，肖克义，2013：39）。如果不考虑学生本身的语言能力和思维能力，提问难易失当，提问脱离学情，学生对于教师提问会出现无法理解、无法思考和无法表达的问题。教

> 教师应当阶梯式、螺旋式设置问题难度，从较为简单的展示性问题，再到要求更高的分析和评价性问题，才符合回应主体的认知过程。

师应当阶梯式、螺旋式设置问题难度,从较为简单的展示性问题,再到要求更高的分析和评价性问题,才符合回应主体的认知过程。然而,不少教师往往很难做到合理地把握学生的能力水平,问题的设置常常偏难或偏易,导致学生在课堂上沉默不语,课堂气氛陷入僵局。

比如人教版高中英语选择性必修一 Unit 1 Reading and Thinking:*Tu Youyou Awarded Nobel Prize* 一课,讲述的是屠呦呦及其团队因发现青蒿素而被授予诺贝尔奖的新闻报道。为了让学生感受屠呦呦发现青蒿素对于世界的作用,教师针对第一段中的数字提问"Why are numbers used?"。面对这样的问题,学生实际上是知道如何用中文回答的,因为数字的使用可以更加具体、形象、准确、客观地展现研究的意义。然而,这个阶段的学生因自身认知水平和语言能力的限制,无法形成完整的答案,这样的提问显然没有考虑学习主体认知事物的过程。因而,在改进之后的课例中,教师并没有让学生直接关注数字,相反地,从本段的重点词汇 crucial 和 vital 两个单词入手,提出了"What do these two words mean? Can you find evidence from the text to explain their meanings?"这两个问题,让学生从文中找出证据来解释这两个词的意思。这样,学生便会很自然地注意到文中数字的使用。同时,他们还可以关注到数字之外的其他细节,如 each year、alone 等。简单的一个改进,让学生更好地进入课堂,让学生的回应更自然、更有效。

2. 未设置回应的铺垫

回应的铺垫主要指的是学生回应所学前的教学过程,包括内容的铺垫、时间的铺垫等。内容的铺垫主要体现在问题梯度要合理,应遵循由易到难、由简到繁的规律等;前面的问题要为后面的问题提供思维和内容上的支撑；前面的问题难度应适中，易于使学生理解和回答。相反，则会降低学生回应的积极性，导致课堂教学效率低下。同时，有些课堂中，教师总是一味要赶课堂进度，而忽略了学生当场作反应也是需要时间的，提问等待时间太短，从而导致课堂回应难以达到理想状态（吕晓雅，肖克义，2013：41）。

以人教版高中英语必修三 Unit 2 Reading and Thinking：*Mother of Ten Thousand Babies* 一课为例，在分析林巧稚一生做出的各种选择、原因和困难时，教师只是采用了简单的填表形式，让学生用原文回答，并没有进一步探究这些选择背后所反映的时代背景，如女性地位问题、战争背景等。少了这些前期的铺垫，学生的回应只能是基于原文，而显得浅薄，不利于思维的发展。再比如，分析林巧稚的人物性格时，教师没有提供相应的人物分析支架，学生仅凭个人印象总结出 determined、caring 等形容词，而没有针对文章的语言来深度剖析人物性格。一堂英语课少了对于语言本身的关注，显然是有问题的。教师可以引导学生关注林巧稚的回答"I'd rather stay single to study all my life." 中 would rather、all 等词体现她坚定的语气。又如，"She was even seen riding a donkey to faraway villages to provide medical care." 中 even、faraway 等词体现她无私奉献的精神。

> 教师常常没有意识到英语课堂提问本身是立体的，它有时间和空间的概念。

教师常常没有意识到英语课堂提问本身是立体的，它有时间和空间的概念。在不同时间或不同情景下提出的问题，对教师或学生有不同的要求，并会产生不同的效果（王式街，2015：89）。如何将课堂问题设置得更有层次感,合理铺垫课堂内容,对于学生的回应会产生质的影响。

3. 未挖掘回应的深度

低质回应的另一个主要原因在于教师仅关注文本的表层信息,对于细节的提问过多,而没有重视学生思维品质的发展,让学生能够真正地去思考文本背后的信息。不少教师常提一些明知故问、毫无意义的问题(沈萍,2017:7)。

例如人教版高中英语选择性必修一 Unit 4 Reading and Thinking: *Listening to How Bodies Talk*,这篇文本主要围绕非语言交流(即身体语言)展开,探讨了身体语言功能以及在跨文化交流中的重要性。标题"Listening to How Bodies Talk"中的 listening 和 talk 是值得学生关注的题眼。该标题不仅字面上强调了身体语言的"说话(talk)"功能,还通过"倾听(listen)"一词,传达了对这种非语言交流方式的重视和关注。作者通过这篇文章,希望读者能够了解身体语言的基本概念和类型,认识到它在交流中的重要作用,尤其是跨文化交流中的差异,并鼓励读者在生活中多加关注和学习,从而提升自己的交流能力。两位教师对这个文本同课异构时,教师 A 在处理这个文本时仅仅借助教材课后的表格去梳理了各个身体语言在不同国家的含义,而没有引导学生深入文本去挖掘作者的写作意图。虽然学生在通过思考课后的问题,如"How is the body language mentioned in the text interpreted in China?" "What advice on body language can you give a foreign friend on his / her first trip to China?"等培养跨文化交际意识,但是错失了文本值得深挖的点。而另一位教师关注到标题的作用,在读前请学生关注这两个词,并请学生基于标题进行预测式的自主提问。学生基于这两个关键词提出了：How can body languages talk? How can we listen to the body language? 这两个问题就能够在学生后续的阅读中引领学生挖掘作者的写作意图。

二、促进回应所学的阅读教学关注点

(一)关联已知

"所学"意为"已知、旧知和刚学的新知"，而在形成新知的过程中，"回应"则指向性地表明新知与旧知应处于一种"关联、联结"的状态。

"所学"意为"已知、旧知和刚学的新知"，而在形成新知的过程中，"回应"则指向性地表明新知与旧知应处于一种"关联、联结"的状态。学生在接受新信息时，往往会面临一定的认知限制，通过将学习内容与学生已有的知识相关联，可以减少额外的认知负荷，使学生能更容易地吸收和理解新信息。而学生的学习过程不仅涉及信息的记忆，还延伸到理解与应用的层面。因此，在教学活动中若能关联学生已知，可以激发学生脑海中已有的认识结构，帮助他们将新信息与现有知识框架相整合，从而促进更深层次的理解和学习(汪向华，苏殷旦，2024：30)。此外，教师在立足学生已知的基础上，可以设计出更符合学生实际水平和兴趣的问题和活动，顺利推进师生、生本以及生生间的多维交互。这种策略的运用能调动学生对参与讨论和问答的投入，从而提升课堂的活跃度，并促进学生的主动学习和评判性思维技能的发展。

例如，人教版高中英语必修三 Unit 5 Reading and

Thinking：*The Million Pound Bank Note* 选取了戏剧《百万英镑》的第一幕第三场，即两个富豪为打赌确定合适人选（Henry）的片段，引出整个故事的背景和起因。由于戏剧体裁的特殊性，学生需要了解该体裁的基本元素及其作用，以帮助他们更深入地解读人物台词的"言外之意"、品鉴戏剧语言的表现力和人物形象的动态性及立体感，从而建立多维角色认知并准确把握主题意义。因此，教师在进入文本前，可以通过问题链来引导学生关注文本体裁及其特点，从而深化生本交互的体验。

Q1：Where would you most possibly find this kind of writing?

Q2：What are the basic elements of a play?

Q1 帮助学生明确文本体裁；Q2 旨在将学生对"戏剧"这一宽泛体裁概念的认知，逐步拉近到具体的基本元素上。然而，从课堂观测可知，学生的回应相当被动，师生交互基本上处于停滞或中止状态。导致发生这种情况的主要原因在于，这是人教版高中英语必修教材首次出现的戏剧文本，学生对该体裁的了解极为有限，很难用英语将其表达清楚。因此，一旦教师的设问脱离学生已知，课堂中的交互活动就容易产生障碍而无法顺利推进。

以下是教师开始逐步关联学生已知，完善 Q2 过程中的几个版本：

Version 1：What are the basic elements of a play?

Version 2：What are the features of a play?

Version 3：Is there anything special about the text?

Version 4：What's the difference between the play and the passage in the previous unit?

从版本 1 到版本 2，教师的设问用语经历了一个逐步简化的过程。从专业术语 basic elements 变为学生较为熟悉的 features，再到更为简单直白、几乎没有理解障碍的 anything special 和 difference。在版本 3 和版本 4 中，教师的提问方式进一步转变，让学生可以直接上台指出特殊或迥异之处，使其回应方式也从相对复杂的口头表达转变为更加直接的肢体展示。更重要的是，版本 4 的设问能够有效衔接学生的已知（the passage in the previous unit）和新知（the play），教师可顺势引出相关术语，从而推动师生交互的持续性发生，促进学生的主动回应。

（二）动态交互

"交"意为"交替"，强调参与交互的主体是两者及以上，其交互行为或过程是双（多）向且循环的，而非单一线性；"互"，则指"互动"，描述相互使彼此发生作用或变动的过程，是一种动态的呈现。

> "交"意为"交替"，强调参与交互的主体是两者及以上，其交互行为或过程是双（多）向且循环的，而非单一线性；"互"，则指"互动"，描述相互使彼此发生作用或变动的过程，是一种动态的呈现。

在高中英语阅读教学中，动态交互的引入是提高学生主动学习的积极性和深化理解的有效途径。Vygotsky（1978）在其社会文化理论中强调了社会互动对认知发展的重要性，这一理念在现代语言教学领域得到了广泛应用。动态交互不仅仅是信息的简单传递，更是学习者在参与、思考和反馈过程中的一种建构意义的行为。学生在阅读教学活动中通过与教师、同伴和文本资源或媒介的交互，不断地主动构建、验证并重构自己的理解体系，从而在回应中实现自己的深层次学习。

运用动态交互的原则,教师在设计教学活动时应融入富有挑战性的任务,推动学生主动提出问题、表达意见,并与他人的观点进行碰撞,以此突破他们的思维阈值。根据产出推动假设(Output Hypothesis),语言的产出活动有助于学生对语言形式和意义进行深入加工(Swain,2000:100)。因此,教师应鼓励学生在交互中主动分享自己的理解和疑惑,通过自主提问、小组讨论、角色扮演、辩论等形式,使学生在语言实践中得到锻炼与提升。

例如,在人教版高中英语选择性必修二 Unit 1 Using Language:*The Father of China's Aerospace* 一课中,教师设计了一个角色扮演活动,让学生以记者身份向钱学森采访提问,并从钱学森的角度进行回答:If you had a chance to travel through time and interview Qian, what questions would you ask him? If you were Qian, how would you answer these questions? 这一活动旨在引导学生通过不同身份的交互来综合回应这堂课的内容、思维和语言。无论是提问还是回答,学生都需要基于对钱学森在职业发展不同阶段所面临的重要抉择及其价值影响的深层次理解。

简而言之,动态交互可以推动学生在多个维度上进行思考和推理,在交互过程中评估信息、构建论点并应对可能的反驳。在这一循环往复的进程中,学生不断回应并实践所学语言的表达和理解,最终能够更加主动且自信地参与到英语学习中,形成持续学习和发展的积极态度。

（三）指向表达

> "回应所学"中的"回"具有明确的指向性，指向学生"所学"，即输入；而"应"意为"响应、应答"，代表一种结果的呈现，指向输出与表达。

"回应所学"中的"回"具有明确的指向性，指向学生"所学"，即输入；而"应"意为"响应、应答"，代表一种结果的呈现，指向输出与表达。在高中英语的阅读教学中，主动学习的定义也是最终落脚于对新思想的表达（葛炳芳，2024：53）。由此可见，指向表达作为一种底层教学逻辑，强调学生的输出不只是对教学内容的简单复述，而是通过内化所学知识，以深刻且富有见解的方式进行表达，从而达到学习目标。指向表达的核心在于激发学生内在的学习动力，促使他们通过实践活动主动构建知识框架，形成深层次的认知结构。

教学活动的设计需要符合大脑的学习原则（Willis，2007），而指向表达正好帮助学生在内容、语言和思维层面综合连接新旧知识，促进长期记忆的存储。同时，Hattie（2009：22）的研究强调，明确的学习目标和及时的反馈对于激发学生学习动机和提高学习成效至关重要。作为一种输出任务，指向表达恰恰提供了这样的学习目标和反馈机会，使学生能够更为清晰地追踪到个人的学习进展。

在阅读课堂实践中，指向表达要求教师设计的教学活动需要体现"综合而有侧重"的特性。"综合"意味教师需要构建与教学目标及文本内容高度相关的教学活动，使内容、语言和思维三者紧密结合，形成有机的整体（葛炳芳，2021b：39），从而引导学生将课堂所学与真实情境相结合,进行综合性的语言实践,并在语用环境中体验知识的实际应用价值。

例如,在人教版高中英语选择性必修三 Unit 2 Reading and Thinking: *Habits for a Healthy Lifestyle* 阅读课中,教师让学生将文中所学的有关 habit cycle 的内容和思维方式运用到现实生活的情境中,以解决具体问题,并通过图示和语言来呈现相应的解决方法,从而实现内容、思维和语言的综合应用。

侧重性则关注于发掘文本的独特性质和教学潜力,通过挖掘文本中的文化背景和语言风格等元素,设计的教学活动能够更有效地引起学生的兴趣,激发他们的参与度(梁俊芳,2023:55)。

例如,人教版高中英语必修三 Unit 3 Reading and Thinking: *Li Lan's Travel Journal* 以旅游日志的形式记述了中国学生 Li Lan 一天的旧金山之行,展示了多元文化在这座城市的各个方面。为使学生能更深层次地理解并领略旧金山的文化多元性及其成因,教师在文本之外细述了这座城市在 1906 年经历的地震及随之而来三天大火,并辅以具有强烈视觉冲击和震撼力的图示对比。正是由于这些文化背景知识的补充,学生对这座城市的历史与文化底蕴得到了更深刻的理解与感悟,这也为学生从多元文化视角进行评判思考奠定了扎实的情感基础。

综上所述,指向表达在高中英语阅读教学中的重要性显而易见。在输出表达的过程中,学生能够综合性地回应、迁移和夯实所学的内容、语言和思维,并通过探索文本的个性化特征和趣味性,他们的主动学习能力和创造性思维品质也能得到有效锻炼。从长远来看,学生不仅能在具体的语言实践中提高自我表达和交流的能力,还能在学习过程中培养评判性思维和自我效能感,成为更加独立且自信的学习者。因此,教师在教学过程中应重视指向表达的运用,以期实现提升学生英语综合素质的教学目标。

第三章

促进回应所学的活动设计与课堂互动

一、促进回应所学的活动设计

　　一堂能让学生高质量回应所学的课堂离不开优秀的教学活动设计。在当前教学活动设计的过程中，许多教师会充分考虑本课的教学目标、教学活动等，预设了学生的回应，但是他们的预设常常与学生真实的回应产生矛盾。其中一个主要的原因是，教师看待问题的视角和能力与学生之间存在着本质的差异。教师提问并不一定引发学生朝着预设的目标作出反馈。因而，我们在讨论促进回应所学的活动设计时，更多的是基于学生的视角、学生的应答而出发的。在两年的研究历程中，我们发现，一堂高质量的主动学习的英语阅读课堂，不可或缺的元素是情境、支架、交互和出口任务。这些预设要素都是为了让学生能够更好地走进英语课堂，激发主动回应的动机，提高有效回应的能力，培养深度回应的思维，提供优质回应的机会。

（一）情境创设：提供真实体验，激发回应动机

构建一个"引人入胜"的情境即语境，能让学生持续地对自己的学习过程进行监控、调整，加工信息，协商内容，建构意义，最终表达自己对语篇主题的理解。

> 构建一个"引人入胜"的情境即语境，能让学生持续地对自己的学习过程进行监控、调整，加工信息，协商内容，建构意义，最终表达自己对语篇主题的理解。

情境创设是主动学习产生的必要条件，缺乏情境的学习往往是意义缺失、效率低下、动机不足和课堂沉闷的学习。

真实是情境的底层逻辑。Vygotsky（1978）的社会文化理论强调学习是社会互动的结果。情境创设通过模拟真实的社会环境，使得学习者能在与他人的互动中学习语言，这有助于他们理解语言的社会功能和使用情境。课标指出，情境创设要尽量真实，注意与学生已有的知识和经验建立紧密联系，力求直接、简洁、有效（教育部，2020：65）。事实上，"高关联、多模态的学习情境"能触发回应动机，教师应开展情境化的自主提问，帮助学生深度参与阅读课堂（丁立芸，2024：35）。

然而，在实际教学中，存在着许多为了知识点而"制造"出来的"伪情境"（刘徽，2022：188）。例如，在教学人教版高中英语必修一 Unit 2 Reading and Thinking：*Travel Peru* 一课中，教师虚构了四位不同旅游需求的游客，让学生为他们分别推荐秘鲁的不同旅游路线。这样的活动作为读后的出口任务，显然无法将学生带入真实情境，最终学生只能根据只言片语的信息推测出各自可能喜欢的旅游景点；而且只去其中一个景点这样的设定显然与实际不符。试想，不远万里来到秘鲁的游客，只

会去其中一个景点吗？他们来之前难道没有对这些景点有所了解、提前规划吗？因而，这样的"伪情境"对于课堂教学而言，并不能促成学生更加主动、深层地产出。

体验是情境的深度浸润。建构主义者认为知识是通过个体在特定情境中的活动、体验和社会互动构建的。情境创设为学习者提供了一个探索和实践语言的机会，使他们能够在实际使用中构建语言能力。杜威倡导"做中学"（Learning by Doing）。他指出，真正的学习来自经验，即个体与环境的互动。情境创设提供了一个丰富的环境，使学习者能够通过亲身体验来学习，这与杜威的经验中心论是一致的（约翰·杜威，2005）。因此，我们认为可以从情境创设的真实性与体验感两个角度入手，促成学生回应所学的动机。

1. 情境的真实性：借助原文改编，从文本内容到真实生活

真实性情境的创设可以根据原文改编，也就是说在现实世界中寻找应用的真实场景或情境，再对其做进一步的修改和打磨（刘徽，2022：188）。教师在充分研读文本的基础上，选取与文本在内容上相近的生活场景，并加以改编。寻找原型的具体渠道可以是日常生活、新闻报道、政策报告、研究成果、历史文献、影视文学等。在改编的时候，教师要关注场景存在的合理性和问题的难解性（ill-defined），即情境的设计既要反复推敲，同时又要考虑多种解决方法。现实生活中，真实的情境往

> 在改编的时候，教师要关注场景存在的合理性和问题的难解性（ill-defined），即情境的设计既要反复推敲，同时又要考虑多种解决方法。

往不存在唯一性，因而真实性情境的英语课堂，可以让学生感觉在真实语境中需解决的问题及解法。

以下展示教师如何利用人教版高中英语教材创设情境、激发学生回应动机的课例片段。

【课例片段 1】人教版高中英语必修二 Unit 1 Reading and Thinking：*From Problems to Solutions*，讲述的是埃及 Abu Simbel 神庙面临的问题以及在各方努力下最终得到保护，展现了人们在面对经济发展和文物保护冲突时对于人类文明保护的意识和团队精神。基于这样一个文本，教师选择了一个与之类似的当地真实案例——温州朔门遗址，激发学生阅读文本的兴趣，从国际保护的案例中获得启示，从而主动解决温州本地的遗址保护问题。当学生意识到自己正在解决一个真实发生的问题时，就会产生主动建构意义、主动回应的欲望。

Port site on the ancient Maritime Silk Road found in Zhejiang

Wenzhou，*October*，2021．The archaeological site of Shuomen ancient port was discovered at the end of 2021，with ruins of ancient buildings，shipwrecks（沉船/'ʃɪprek/），and porcelain（瓷器/'pɔːsəlɪn/）pieces unearthed near the ancient Shuomen Gate．At that time，to improve the traffic jam problem of that area，the Wangjiang Road Underpass Tunnel（隧道/'tʌnl/）Project was started．However，during the construction，more and more remains were discovered，and the project was immediately stopped．According to the National Cultural Heritage Administration，the discovery is important to studies of the ancient Maritime（海运的/'mærɪtaɪm/）Silk Road．

【课例片段 2】人教版高中英语选择性必修三 Unit 2 Reading and Thinking：*Habits for a Healthy Lifestyle*，教师根据现在高中生在睡眠、饮食、锻炼、上网等习惯上实际存在的问题设计问卷，总结学生常见的习惯问题，从而激发学生阅读文本的兴趣，让他们能在文本中主动寻找问题的解决之道，从而改善自己真实的习惯问题。

表 3.1　学生习惯的课前问卷调查

A Survey on Students' Habits

　　Hey，everybody. This is a survey designed by a new ENGLISH teacher who you are going to meet this week. In order to learn more about you, I am here to collect useful information. Please answer the question in patience and be honest with the survey，and with yourself.

About your sleeping：

1. When do you usually go to sleep on weekdays?
　　A. Before 11 pm.　　　B. Before midnight.
　　C. Before 1 am.　　　D. After 1 am.

2. When do you usually go to sleep on Saturday night?
　　A. Before 11 pm.　　　B. Before midnight.
　　C. Before 1 am.　　　D. After 1 am.

About your eating：

3. Do you eat junk food?
　　A. Always.　　　　　B. Often.
　　C. Sometimes.　　　D. Never.

About your physical exercise：

4. Do you do physical exercise out of class?
　　A. Always.　　　　　B. Often.
　　C. Sometimes.　　　D. Never.

About your online activity：

5. How many hours do you spend online on weekends?
　　A. Less than 2 hours.　B. Between 2 to 5 hours.
　　C. More than 5 hours.

2. 情境的体验感：利用角色代入，从旁观视角到主动参与

Kolb（2014：21）提出了"体验式学习模型（Experiential Leaning Theory）"，这一模型包含四个步骤，即实际经历和体验、观察和反思、抽象概念和归纳的形成、在新环境中测试新概念的含义。当学生去实实在在地体验学习的内容时，他们才会真实地走进文本之中，理解文本，从文本中建构自己的知识，并创造新的意义。

【课例片段 3】在教人教版高中英语必修一 Unit 2 Reading and Thinking：*Travel Peru* 时，教师让学生扮演家乡景点推荐人，通过分发真实的旅游小册子，让学生感受到旅游小册子的体裁形式、图文格式等物理特征，又让学生体会文本中的内容和语言特征。再加上学生对于推荐当地景点的情感动机，学生最终制作出有关自己家乡的旅游小册子，真实体验了旅游景点的工作人员在推广景点、规划旅游路线和设计周边文创等方面的工作。学生实现了从阅读者、旁观者到参与者、体验者的蜕变。

【课例片段 4】以人教版高中英语必修三 Unit 5 Reading and Thinking：*The Million Pound Bank Note* 为例，在探讨 Henry 的人物性格的这一活动中，传统的处理方式是直接问学生"What kind of person is Henry? How do you know?"。此时，学生并没有代入感，而是作为纯粹的读者去理解 Henry。因而，教师设计了这样的提问方式，让学生带入角色，并且制作角色档案，为后续的表演做好剧本研读。其中 profile 的左侧一列需要学生主动思考作为一位演员需要解读角色的哪些维度。不同于教师要求学生解读人物性格，学生还需要考虑除了人物性格之外更多的要素。这样的情境创设更为引人入胜，也更能激发学生主动学习的兴趣。

表 3.2　戏剧表演：Henry 的角色档案

If you are going to play the role of Henry, besides the information you've found out, what else are you supposed to focus on? Make a profile for Henry.	
Character	*Henry*
Personality	*polite*
Feelings	*surprised*
Facial Expressions	*widen his eyes；raise his eyebrows …*
Actions	*stop；turn around …*

（二）支架搭建：设计可视支架，辅助迁移所学

在 Vygotsky 的最近发展区理论和建构主义理论的基础上，布鲁纳（J. S. Bruner）于 1976 年首次提出了支架式（Scaffolding）教学。在高中英语阅读课堂中，教师应当为学生建构一种对知识的理解的概念框架（conceptual framework），将复杂的任务加以分解，引导学生对所学知识的理解不断深入，以达到培养学生的学习策略和主动学习能力的目的（陈亚红，赵旭辉，2016：27）。支架这一比喻，包含了多层内涵：教师作为设计师，教师和学生作为共建者，学生作为使用者。师生在支架搭建的过程中都扮演着非常重要的角色。

理解是回应所学的前提，而支架能最大程度地促成理解的发生，从而保证学生在出口任务中，根据所理解的内容输出更加高效、更具有针对性的回应。其中，范例支架提供

> 理解是回应所学的前提，而支架能最大程度地促成理解的发生，从而保证学生在出口任务中，根据所理解的内容输出更加高效、更具有针对性的回应。

了一种结构化的方式来组织和呈现信息,促成旧知与新知的关联和结合。在意义建构的过程中,教师应融合阅读材料的结构、逻辑关系和关键信息等维度的信息,搭建多维度、可视化的支架,帮助学生在深入理解复杂概念和文本深层含义的基础上,建立起认知框架,生成主动且有深度的回应,达成意义的建构(丁立芸,2024:37-38)。

一方面,支架在阅读课堂中的使用,要求学生理解文本,通过可视化的方式直观、综合地呈现自己的文本理解,使所学知识成为一个有机整体;另一方面,学生需要将自己的具象化的文本理解,重新组织语言,再次解读和表达个人的理解。只有在"解码(decoding)—编码(coding)—解码"的不断循环中,学生才能灵活地学会迁移课堂所学。支架既可以作为理解文本、建构意义的工具,也可以作为指向输出、表达自我的路径。

1. 支架的可视化:综合理解文本,从单一文字到图文结合

支架搭建可以拉近学生与文本之间的距离,实现学生与文本之间进行对话。教师可以根据文本的结构特点,借助问题、图形、导图、表格、框架等多种可视化支架的形式,帮助学生提取文章主线,理清文章脉络,使阅读内容得以条理化、系统化、清晰化,最终成为一个有机整体,达到帮助学生迅速把握文本内涵(周杰,2018:10),并在出口任务中进行主动且有效回应和迁移的目的。

> 支架搭建可以拉近学生与文本之间的距离,实现学生与文本之间进行对话。

【课例片段5】人教版高中英语选择性必修二 Unit 2 Reading and Thinking：*"Welcome，Xie Lei！"* Business

Student Building Bridges 一文讲述的是谢蕾在海外留学的生活,通过生活和学业上的调整,逐渐适应,觉醒了文化桥梁这一重要角色的意识。教师通过引入 culture shock 这一概念,并以此为支架,指导学生绘制相似的 U 形图,从而直观呈现谢蕾在经历文化冲击时的情感变化。最后,以"Based on Xie Lei's experience, explain what culture shock is."这一任务,让学生用自己的语言解释什么才是 culture shock,两者之间互为补充,互为支架。

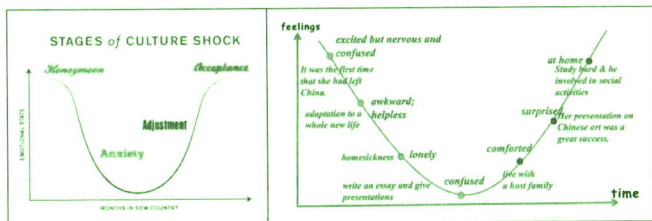

图 3.1　culture shock 情绪阶段与谢蕾情感变化的 U 形图

【课例片段 6】以人教版高中英语必修二 Unit 1 Reading and Thinking:*From Problems to Solutions* 为例,在自主提问环节过后,学生对"How did Egyptian people solve the problems?"这一问题进行自主解答,认为解决问题的方式就是把文物拆解成小块,以便转移到安全地段。这的确是问题解决过程中关于雕像移动的阶段性措施,但明显没有涵盖完整的解决步骤。学生作出这样的浅层回应是由于他们尚未把握文章主线、理清文章脉络,为此教师在阅读课堂中进行追问"To better borrow the experience from Egypt, what other aspects do you need to find out?",引发学生二轮提问,从而提出了更加具体的维度(Who & What efforts),进而引出阶段(Stage)概念,帮助学生搭建如下理解型的支架表格,从而能多角度、分层次地回答"How to solve"这个问题(表 3.3)。

表 3.3　文章 *From Problems to Solutions* 的可视化支架

Stages	Identify the problems	Analyze the problems & develop a solution	Conduct the solution	Evaluate the result
Who were involved	government, scientists, citizens	committee, different departments, international community, experts	government, environmentalists, engineers, workers, 50 countries	/
What they did	proposed a dam, listened to, studied, protested against	be established to limit damage & prevent loss, asked for contributions, raised funds, investigated, conducted tests, made a proposal	took down piece by piece, moved, put back together, rescued 22, countless …, donated $80m	be considered as a great success

　　当然,对于这篇文章的可视化支架存在许多不同的可能性。比如,关于表头的名称,在实际课堂操作中,根据学生自主提问的内容不同,纵向的维度可能会有四个甚至更多,横向的阶段概括,因学生差异而出现不同的内容。再比如,有的教师没有采用表格的方式,而选择更体现事物发展进程的时间轴(timeline)方式来展现。无论

是表格还是线图,不同的可视化方式都无可厚非,教师需要思考的是,可视化后的支架是否有利于学生后续的出口任务,帮

> 无论是表格还是线图,不同的可视化方式都无可厚非,教师需要思考的是,可视化后的支架是否有利于学生后续的出口任务,帮助他们迁移所学。

助他们迁移所学。比如,本文中一个非常重要的概念就是团队精神在平衡文化遗产保护和经济发展之间矛盾中的重要性。基于这样一个核心问题,时间轴、表格或者天平,究竟怎样的格式更有利于课堂教学呢? 同样的问题也适用于人教版高中英语选择性必修一 Unit 1 Reading and Thinking: *Tu Youyou Awarded Nobel Prize*。

2. 支架的可读性:多维解读支架,从表层信息到深层挖掘

从教学层面而言,教师需要始终具备支架意识,帮助学生解决学习过程中的困难,实现对文本的理解和内化(葛炳芳,印佳欢,2020:106)。在高中英语阅读课堂中,支架搭建过后的展示是帮助学生内化、迁移和应用所学知识的关键环节。通过多维度的支架展示,学生可以建立起强大的认知框架,在知识迁移环节中可生成主动且有深度的回应。搭建

> 搭建支架的目的不是简化文本、降低难度,相反,支架应当成为深入理解文本的必由路径和学生解读的对象。

支架的目的不是简化文本、降低难度,相反,支架应当成为深入理解文本的必由路径和学生解读的对象。

【课例片段 7】在教师引导学生搭建上述支架表格(见表 3.3)后,为了让学生能在读后环节主动回应本课所学,将支架所涉及的解决问题的模式运用于"古港遗址

保护"的情境中，教师通过"What experience have you gained that you find useful for solving the problem of Shuomen ancient port?"这一问题，引导学生解读阅读过程中搭建的表3.3。表格的可解读性体现在学生不仅可以纵向解读每个过程中所需要注意的事项，还可以横向解读三个维度"By looking at the first/second/last line of the table, what experience can you draw from it?"，如问题解决所需要涉及的步骤（stages）、参与者（parties）和所做的努力（efforts），从而总结出问题解决所需要的普遍性过程、团队合作的重要性和文物保护所需要的具体努力等。这样的纵横解读，便实现了对于课堂所学的深度回应。

【课例片段 8】外刊阅读 *Junk Food Was Our Love Language* 一文讲述的是"垃圾食品"如何成为作者和父亲之间的纽带，见证了从小到父亲去世这一段时间自己和父亲之间的关系变化。因此，教师设计了通过绘制坐标轴的方式，来表现父女关系的变化，并在完成文本支架之后，对所生成的曲线图 3.2 进行"Which curve can better show the change of our relationship? Why?"的提问，在选择正确的图线并说明理由后，进一步追问"Which sentence can best show my deeper understanding of my father? Why?"。通过对文本的深度解读，学生能够更好地回应文本，挖掘深层信息。并且 y 轴的名称因为学生的解读角度不同，而产生不同的维度，也为文本的多维解读提供了可能性。因此，多维度的支架展示能帮助学生全面深刻地内化支架，并通过支架的应用将输出与输入对接，促成回应所学。

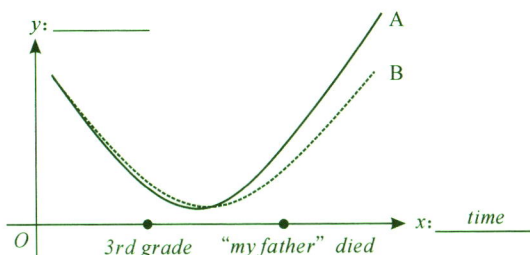

图 3.2　父女关系变化曲线图对比

　　总之,教材文本本身就具备较强的可读性,而且,支架本身不能将文本变得单纯、浅显、毫无可读性。衡量一个优秀支架的最佳标准就是一堂课中,学生的多样化回应、有效的生成和课堂活跃度。这都离不开教师在支架搭建中的引导。

(三)交互设计:整合多维互动,促进意义关联

　　在高中英语教学中,交互式教学是有效课堂的重要标志,强调个体(教师或单一学生)与其他个体、团队、媒介(文本)之间持续性的交流行为和相互影响。

> 交互式教学是有效课堂的重要标志,强调个体(教师或单一学生)与其他个体、团队、媒介(文本)之间持续性的交流行为和相互影响。

参与的主体能发生行为、情感和思维上的变化,具体体现在学生能够积极回应课堂中来自教师、同伴和文本在内的所有输入。因此,葛炳芳(2024:54)明确指出,回应所学的本质是“建立意义关联的交互活动的过程”。

　　Rivers(2000:5)表示,教师可以在交互式教学中创造有效的教学环境,为学生提供主动使用语言的机会。Nunan(2003:14)进一步强调,交互式教学方法在学生的参与下,可以逐步转变以教师为中心的传统教学模式,突

显学生的学习主体地位,培养学生学习的主观能动性。葛炳芳(2024:54)认为持续性主动学习的底层逻辑在于交互、回应和关联这三者的循环往复。由此可见,在设计促进回应所学的高中英语教学活动时,教师需要意识到,持续性的多维交互能帮助学生建立意义关联,并最大限度地激发学生回应所学,进而在课堂上真正落实对学生主动学习能力的培养。

然而,现实课堂中的交互设计往往面临诸多挑战。一些教师可能过度依赖师生之间传统的一问一答模式,一是难以激发学生在交互过程中的主动性,容易阻断交互的持续发生;二是交互方式的单一和交互主体的受限会消减学生对交互的热情与参与度。鉴于此,本课题组认为在促进回应所学的教学活动中,交互设计应重点关注主动性和多样性,以激发学生对多维交互的投入并提升其交互质量。

1. 交互的主动性:巧借自主提问,从一问一答到多轮对话

20世纪80年代至今的多项实验研究表明,提问是激发(initiating)并维持(sustaining)交互的关键(Long & Sato, 1983; Brown, 2001; Crookes & Chaudron, 2001;转引自靳洪刚,2018:47)。然而,传统课堂中一问一答的交互模式往往局限于师生之间的单向传输,难以激活学生在交互中的主动性和积极性。相较而言,学生的自主提问则是学生发现问题、提出问题、分析问题、

学生的自主提问则是学生发现问题、提出问题、分析问题、解决问题的重要学习过程,能够帮助学生发现问题(向自己提问),随后通过对文本的提问(向文本提问)、释疑以及质疑其他同学的问答(向同伴提问)等方式来分析和解决问题。

解决问题的重要学习过程,能够帮助学生发现问题(向自己提问),随后通过对文本的提问(向文本提问)、释疑以及质疑其他同学的问答(向同伴提问)等方式来分析和解决问题(宋颖超,2024:59)。这种方法从根本上改变了传统的单一线性问答模式,将其转变为一个动态的、多轮次的多方对话过程,是促进阅读课堂交互深入和持续进行的重要策略。

　　在自主提问的交互过程中,教师的角色转变为引领者和协调者,而学生则成为课堂交互的主导者(蔡红,2024:25)。这样的角色转变能够最大限度地激发学生参与交互的积极性,从而推动他们在课堂中主动回应的发生。通过这种方式,学生的思维能力得以锻炼,其语言表达、逻辑思考及问题解决等能力也能得到相应提升。此外,学生与其他主体(教师、同伴、文本)之间的互动将更加频繁和深入,学生能够在多维交互中建立起知识和经验的联系,形成更加紧密的学习共同体(蔡珍瑞,2024:12)。

　　【课例片段 9】人教版高中英语必修三 Unit 5 Reading and Thinking:*The Million Pound Bank Note*一文的体裁具有特殊性,教师可以通过旁白信息引导学生开展自主提问,预测剧本内容:If you were the two brothers who want to know whether Henry is suitable for the bet,what questions would you like to ask him?

　　首先,从学习体验感的维度来看,学生与文本之间由于历史、地域等背景因素存在一定的距离感,如果仅仅采用师生问答的交互模式,将难以消弭生本交互之间的阻隔。而教师在引导设问中的"If you were…""… would you like to ask…"能够将问题与学生的个人学习体验相关联,是联系"自我"、与"我"有关的(self-referencing),

其问题的开放性能在一定程度上缓解学生回应时的压力，从而能推动生本交互的发生。此外，文本节选的片段主要描绘了富豪兄弟如何确定 Henry 作为打赌人选的过程，但并没有涉及打赌结果的后续。因此，如果缺少教师设问上的针对性引导，学生的自主提问可能会出现偏差。为了帮助学生进行高质且有效的回应，教师可以结合文本明确该环节的教学目的和预期产出，并在设问上加以引导和提示。因节选片段主要是通过富豪兄弟对 Henry 的提问串联而成，教师可以引导学生思考富豪在确定打赌人选时可能考虑的各个方面，并关联自己的学习体验，从而进行如上设问。从课堂观察中可以发现，学生的思维呈现出多维的发散状，他们会考虑询问 Henry 的家庭背景、经济状况、来此缘由等等，问题的提出使得他们与文本的互动也变得更为投入与深入。

学生在自主提问环节的产出如下：

1. Are you poor? (*money*)

2. What's your *job*?

3. What's your difficult *experience*?

4. What will you do if you have the money? (*dream*)

5. What's your *personality*?

6. Do you want to become a rich man?

7. What's your situation?

8. Do you have any dreams/*plans*?

9. Could you live in London for a month? (*plan*)

10. Where are you from? (*hometown*)

11. Do you have any background?

12. Do you need any help? (*need*)

...

2. 交互的多样性：变化交互形式，从师生问答到多方互动

近年来，教育心理学和教育实践研究日益强调交互形式的多样化对学习成效的重要性。在传统课堂环境中，教师与学生之间的互动往往呈现出较为固定的师生问答模式，这一模式在一定程度上保障了教学的有序进行，但同时也限制了学生思维的发散和深入探索。为了打破这一局限，课堂交互的形式亟须创新和拓展，引入多样化的互动模式，以促进师生、生生及生本间全方位的交流和合作。

在多样化的交互模式中，小组合作学习（cooperative learning）和同伴互助（peer tutoring）等方式被广泛应用。通过这些形式，学生不仅与教师进行交流，还在同伴之间进行信息分享、观点对比、意义协商及知识共建（尹莱明，2012：28）。这种多方位的交互使学生在不同角色和情境中练习和运用语言，增加了学习情境的复杂性和真实性，从而更有效地促进学生语言技能的发展和思维能力的提升。

> 这种多方位的交互使学生在不同角色和情境中练习和运用语言，增加了学习情境的复杂性和真实性，从而更有效地促进学生语言技能的发展和思维能力的提升。

此外，教师可借助文字以外的多模态教学模式来丰富课堂交互形式。这种方式融合了语言、逻辑、空间和感官等多种智能领域，能够激发学生以其擅长或感兴趣的方式参与学习及交互的过程中。借助基于主题的多模态知识，教师能够拓宽学生对主题的多元智能认知，使学生通过多重感官体验和语言接触，从不同角度接触新知，深化理解并促进高质量输出（印佳欢，葛炳芳，2023：17），从

而优化阅读课堂中后续的多维交互。

通过多样化的交互方式，学生能够在更广泛的交流和合作网络中充分展示自己的能力，主动构建知识体系，并在实践中形成深刻的学习体验。教师在此过程中，应致力于营造一个开放、包容、互动的学习环境，引导学生在多样而深入的交互中，发展成为具备评判性思维和创新能力的主动学习者。

【课例片段 10】人教版高中英语必修一 Unit 3 Reading and Thinking：*Living Legends* 的话题涉及"体坛活传奇"的介绍，其文本包含两篇人物传记，分别展示了被誉为"铁榔头"的中国女排总教练郎平和美国篮球明星"飞人"乔丹。在学习第一个语篇时，教师通过自主提问、自主阅读和自助答疑的环节，帮助学生形成主动思考的意识，调动学生对生本交互的投入，进一步提高对后续学习的期待。学生的自主提问呈现如下：

1. What achievements have they made?

2. What difficulties did they meet?

3. What can we learn from them?

4. How did they solve the problems?

5. What was the result?

基于第一个语篇的提问学习，教师在进行第二个语篇教学时，可以让学生进行同伴间的互问互答。首先，学生在无干扰的阅读后，自主提出更多基于或超越语篇的问题，再自主邀请同学进行回答。通过这种生生交互，学生的课堂参与度和回应度在广度和深度上都能有所提高，同伴之间的信息互享与观点碰撞，更能促进学生对语篇的深入理解，体会语言、内容和意义的有机融合。在互问互答的环节中，学生的问题产出如下：

1. What achievements have Michael Jordan made?

2．What difficulties did he meet?

3．What can we learn from Michael Jordan?

4．How did he find a way to win in the final seconds of the game?

5．What's the result of the game?

6．What does Michael Jordan think of the basketball?

7．How do you understand the first sentence? And what can you draw from it?

【课例片段11】人教版高中英语选择性必修三Unit 3 Reading and Thinking：*Climate Change Requires the World's Attention* 一文按照全球气候变化的"现象—原因—危害—措施"的逻辑顺序展开，旨在引起公众对该现象的关注。文章开篇通过气温走势图和"北极熊之死"的图例(图 3.3)引出全球变暖的现象及其负面影响。然而，静态的图示往往难以在二维平面上让学生深刻体会气候变化的严重性并调动其阅读兴趣，也容易影响课堂后续的交互活动和学生的阅读主动性。因此，教师在后续尝试中，采用视频播报，融合文字、图像、声音等多模态输入进行情境呈现(图 3.4)，给学生带来三维立体的动态视觉冲击。这种方式不仅简化了复杂的学习内容，还将其生动化，从而减轻了二维平面的阅读模态所带来的认知负担。相较之前的阅读情境，学生能够更快地进入文本话题，并积极参与课堂中的多维交互。

简而言之，多模态情境的呈现方式更加直观且生动地展现了文本的信息、主题、语境和语言知识，最大限度地满足了不同能力学生的学习需求。它引导学生逐步梳理、提炼和重构视频信息，降低认知负荷，从而帮助他们解读信息背后的深意。在多模态情境输入的基础上，学

图 3.3 "北极熊之死"图例

图 3.4 "北极熊之死"视频（截图）

生在课文语篇的学习过程中，可以很好地回应这一呈现方式，以图像化的形式关联课文语篇意义，优化师生、生本和生生的课堂交互，提升教学效果。

（四）出口任务：综合课堂所学，促成优质表达

"回应所学"与简单的课堂应答存在着本质区别，是基于可理解的输入与原有图式之间的关联，要求学生在内容、语言和思维上作出与所学协同的输出。回应所学强调学生要针对所学的知识，有目的地、高效地进行回

应,确保在内容、语言和思维上与所学相呼应,匹配教学目标。因此,教师在设计教学活动时,不仅要考

> 回应所学强调学生要针对所学的知识,有目的地、高效地进行回应,确保在内容、语言和思维上与所学相呼应,匹配教学目标。

虑涉及意义加工的"前端任务",还需设计文本学习结束时的"出口任务"以及为实现这一"任务"而进行的阶段性活动(葛炳芳,2024:54)。

　　建构主义强调知识是通过个体与环境的交互作用而主动建构的。在这一过程中,学生可以通过出口任务将新信息与已有知识结构在内容、语言和思维上进行综合性的整合,从而形成更复杂、更深刻的理解(汪向华,苏殷旦,2024:30)。布鲁姆认为,有效的教学始于明确具体的学习目标(吕宪军,王延玲,2014:49)。出口任务不仅可以反向明确阅读课堂具体且有侧重的学习目标,还能通过任务完成后的反馈,帮助学生了解自己的学习进展,从而培养他们的主动阅读和学习能力。

　　鉴于此,我们认为,在促进回应所学的教学活动中,出口任务的设计应重点关注综合性和侧重性这两大维度,从而促进知识的巩固与迁移,增强学生回应的主动性和有效性,同时提升他们的主动学习动机和自我效能感。

1. 出口任务的综合性:综合内容语言思维,设计活动高关联

出口任务的综合性设计理念强调内容与语言的有机融合,以及活动与思维的深度关联。在实施过程

> 出口任务的综合性设计理念强调内容与语言的有机融合,以及活动与思维的深度关联。

中,教师应充分利用现实生活中的资源和案例,与内容、

语言和思维层面的教学目标紧密结合。通过模拟和重现真实情境，学生能够在高关联的语用环境中回应所学，体验知识的实际运用价值，进而发展评判性和创造性思维能力。

【课例片段 12】在人教版高中英语必修三 Unit 2 Reading and Thinking：*Mother of Ten Thousand Babies* 一课中，教师可以引导学生搭建相关人物赏析支架，重点关注以下几个维度：人物的抉择（choices）、背后的理由（reasons）、面临的困难（difficulties）以及体现的品质（qualities）。在此基础上，教师可以设计出口任务，让学生介绍其他伟大的女性（居里夫人、屠呦呦、樊锦诗）的人生抉择及从中所彰显的个人品质和道德精神。这一出口任务的活动设计与文本高度关联，能够有效引导学生综合运用课堂所学，在内容、语言和思维层面产出优质表达。在写作过程中，学生能够进一步体会到伟大人物面临人生抉择时的做法及其体现出的伟大品质，并初步掌握描述人物的技能。具体操作详见第四章。

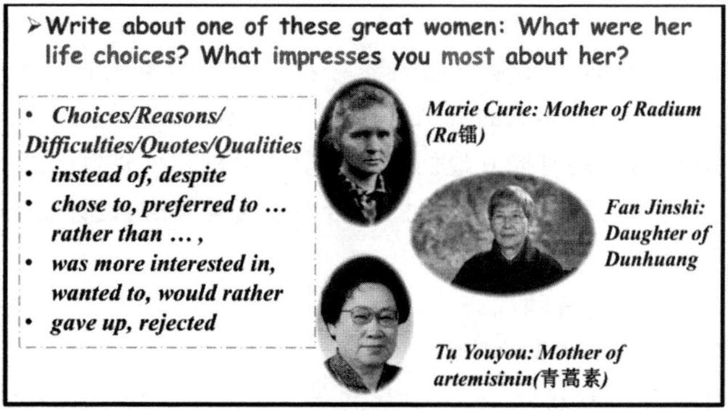

图 3.5 "万婴之母"课例的综合性出口任务

【课例片段 13】人教版高中英语选择性必修一 Unit 5

Reading and Thinking：*A Pioneer for All People* 中的活动主题是"Get to know an agricultural scientist"。为此，教师可以在出口环节让学生为袁隆平写悼词，简要描述逝者的生平（回应文本内容和语言）以及综合评价其品德与成就（回应思维）。由此可见，出口任务的综合性设计需要紧密结合内容、语言和思维层面的教学目标，并匹配高关联的活动情境，最终可促成学生的优质回应与表达。

> *Make a memorial speech to pay tribute to him.*
>
> *Today I would like to pay tribute to a great scientist in our country, known as the "father of hybrid rice", Yuan Longping.*
>
> *(A brief introduction to his life experience and achievements)*
>
> *(What impress you most about him.)*
>
> *The world is a sadder place without Yuan. We will carry on with his unrealized ambition and unfinished career, and fulfill his ultimate vision of eliminating world hunger. We do miss you, Dr. Yuan.*

图 3.6　"A Pioneer for All People"

2. 出口任务的侧重性：依托文本个性特点，挖掘内外趣味点

出口任务的侧重性在于挖掘和利用文本自身的独特性质及文本蕴含的教学潜力。在进行教学设计时，教师需深入分析文本，识别其个性化特点和内在逻辑，从而发现能够激发学生兴趣和参与的元素（蔡美莲，叶咏梅，2013：31）。这些元素可能包括文本的文化知识、语言特点、情节发展或角色特性等。通过这种深度挖掘，教师设计的出口任务不仅能紧扣文本的核心内容和语言表达，还能触动学生的情感和认知。

> 出口任务的侧重性在于挖掘和利用文本自身的独特性质及文本蕴含的教学潜力。

在出口任务的设计中,教师应重视文本内在的趣味性和外部世界的联系。例如,可以设计角色扮演活动,让学生体验文本中的人物情感;或通过辩论和讨论等形式探讨文本中的主题和观点,帮助学生将文本与现实世界的相似情境相关联。这类任务旨在让学生在参与中感受语言的魅力,激发他们的学习动机,并在真实或模拟的语境中回应并运用所学的语言和知识。

此外,教师还应设计富有创意的出口活动,激发学生在语言学习中的创造力和想象力。出口任务可以通过设置趣味悬念、开放式问题或创作任务,鼓励学生在探索文本的过程中,展现个性化的见解和创作。设计的侧重性是在吸取文本精华的基础上,进一步帮助学生发散思维,创造出具有个人特色的作品或观点。

【课例片段 14】人教版高中英语必修二 Unit 1 Reading and Thinking：*From Problems to Solutions* 是关于文物保护的话题。为贴近学生的生活体验,有教师选取了当地的城市新闻——朔门古港遗址的发现作为课堂导入(参照【课例片段 1】)。为持续激发学生的阅读自驱力,引导他们主动回应,教师在本课的出口任务中延续了"古港遗址保护"的情境——Make a proposal for the protection of Shuomen ancient port site,从而完成了情境创设的闭环。这一出口任务巧妙地帮助学生将课文所学迁移到实际生活情境中,使他们综合体验遗产保护过程中多方角色(parties)的贡献。通过这种方式,学生能够将所学知识与已有经验建立关联,为基于主题意义探究的主动回应奠定基础。教师通过课堂互动设计提问：What experience have you gained for solving the problem of Shuomen ancient port? 引导学生明确思考的方向,架构起文本内容和生活情境之间的桥梁。在解决问题的过程中，学生能够将语篇意义理解的模型迁移运用到意义表达中，从而进一步形成更优质的回应。

Proposal for the protection of Shuomen ancient port site

Work in a group and make a proposal

1. Follow **the problem-solving process**
2. Consider **who** should be involved
3. Consider **what efforts** should they make

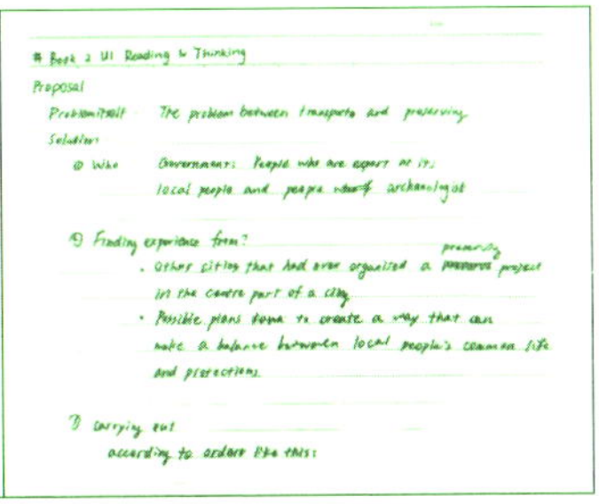

图 3.7 学生体验遗产保护项目的课堂生成

此外，也有教师在本课中围绕“西安城墙是否应被移除”这一情景话题设计相应的出口任务，帮助学生不仅运用所学解决现实生活中的问题，还能形成正确的态度和价值观，促进有效的迁移和创新。

Is it a good idea to demolish the ancient city wall in Xi'an? If not, then why? And how can we find out the solutions?

Participants?	*lived*;
	studied, *investigated the issue*, *conducted the tests*, *made a proposal*;
	wanted to; *listened to*; *turned to … for help*;
	established; *asked for contributions*; *raised funds* …

图 3.8 “From Problems to Solutions”课例的综合性出口任务

【课例片段 15】人教版高中英语选择性必修三 Unit 1 Reading and Thinking: *A Short History of Western*

Painting 一文介绍了西方艺术简史，从四个方面呈现了主要的艺术流派、艺术特点以及代表性的画家和作品。为此，教师可以在最后的出口任务中围绕西方艺术主题，让学生担任课本中所提到的某幅画作的讲解员，进行具体画作的"解说词"写作。这一出口任务不仅能帮助学生对文本内容（画作内容、所属流派及相关作者信息）、语言（介绍西方艺术的词汇和修辞）、思维（从时代背景、艺术特点和感官体验等角度切入的作品介绍）的课堂所学进行综合且高效的回应和迁移，也能不断推进并丰富学生对于艺术作品的多维认知和体验。

➢ *Individual Assignment*		
Introduction		Welcome the audience; Introduce the subject
Main Body	Background of the work of art	
	Description of the work of art	
	Review of the work of art	
Conclusion		

图 3.9　学生体验画作讲解员的课堂生成

综上所述，在促进回应所学的教学活动中，出口任务的设计应注重综合性和侧重性，帮助学生在输出环节能对文本的内容、语言和思维进行综合性的回应、迁移和夯实。通过挖掘文本的独特性和趣味性，引导学生主动进行探索和创造，进而提升他们的主动学习能力和思维能力，使其逐步实现更高层次的发展，最终在学习中变得更为独立且自信。

二、促进回应所学的课堂互动

良好的课堂互动能够激发学生的兴趣，使他们更加积极地参与到学习过程中，主动回应所学内容。教师可以在互动中了解学生理解的准确度和深度，并提供即时反馈，进行意义协商，从而促进学生更深入地回应所学。教师也可以通过课堂互动了解学生的学习进展和学习困难，从而提供个性化的反馈和情感支持，维持学生的回应动力，使学生处于主动回应的积极学习状态。积极的生生互动也为学生提供了从不同角度建构意义的机会，学生通过讨论、提问和合作学习等互动形式，更深入地理解文本，并表达自己的想法。

（一）意义协商：开展多轮对话，优化回应质量

有效回应所学是一个过程，一个从不充分、不到位的回应调整为优质回应的动态过程。在互动中利用意义协商来干预回应是优化回应质量的重要手段之一。

> 有效回应所学是一个过程，一个从不充分、不到位的回应调整为优质回应的动态过程。在互动中利用意义协商来干预回应是优化回应质量的重要手段之一。

意义协商是互动的手段之一。Long（1981：135-137）将意义协商称作话语调整，是指为解决对话中潜在

或现实的交际问题而作出的一些话语调整的过程，包括理解核实（comprehension check）、确认核实（confirmation check）、澄清请求（clarification request）三种手段。理解核实指的是，在交际过程中，通过询问类似"你理解了吗？""你听明白了吗？"这样的问题来确认对方是否完全理解了自己所传达的内容。确认核实指的是，在交际过程中，通过提出反问或用疑问的语调来检查自己是否正确理解了对方的话。澄清请求指的是，在交际过程中，要求对方提供更多的信息来帮助自己理解，促成交际的达成。

此外，Boulima（1999：17）提出的课堂话语结构模式中能够发起或维持课堂意义协商互动的话语还有：诱发（elicitation）、催促（prompt）、修正（repair）、引发修正（repair initiation）、质疑（challenge）、提示（clue）。

> 意义协商不单是信息的单向传递，它是一个双向的、动态的知识生成过程。

意义协商不单是信息的单向传递，它是一个双向的、动态的知识生成过程。意义协商的交际双方都有机会确保对方理解了自己的表达，并根据对方的反馈来调整自己的语言，以更好地适应对方的理解水平。这种互相调整的过程有助于形成对第二语言学习至关重要的两个要素：最优化的输入和最优化的输出。在意义协商的过程中，学习者不是被动接收信息，而是积极参与到互动中。这种互动不仅促使学生集中关注输出的语言，把纠错提示与自身的知识经验结合起来，主动解决意义协商中出现的问题，从而促进了语言能力的发展，而且学生在交流中发现新的意义，并将这些新发现融入知识体系中，促进对文本意义的建构。

1. 采用多种协商策略,促进有效修正回应

在当前的英语课堂教学中,互动通常是以教师为中心的单向的沟通模式。在这种模式下,教师最常使用的一种意义协商策略是理解核实,这是因为在单向沟通中,主导者需要反复确认接收者是否完全理解了所传达的信息。但是,当学生在交流中表达不准确,未能有效达到沟通目的时,教师应采用多种协商策略,鼓励学生基于所学不断调整自己的回应,以实现更优的输出,促成意义建构。

【课例片段 16】在人教版高中英语选择性必修三 Unit 4 Reading and Thinking:*A Successful Failure* 的读思课中,教师针对 Perce Blackborow 的第一篇日记中 Ernest Shackleton 说的话"If anyone has to be eaten, then you will be the first!"提出了一个问题,针对学生的回答,教师发起意义协商并通过不同的协商方式引导其优化自己的回应。

T: What did the captain mean by saying "If anyone has to be eaten, then you will be the first!"?

S: It means the food may not be enough in the journey.

T: Do you mean if they lack food, the captain will kill Perce Blackborow?(确认核实)

S: Yeah… when they need food.

T: That is so cruel. Was he such a cruel captain?(质疑)

S: Maybe no.

T: How do you know he was not cruel? Can you find some information to support the idea that Shackleton would not really kill Perce?(提示)

S：(after reading and thinking for a while) At first Perce was turned down because Shackleton thought he was too young. And when they abandoned the ship, he allowed Hussey to keep his banjo. So he cared for his men.

T：Yes. Actually he was a kind and loving captain. So what did he really mean by saying that? (引发修正)

S：Maybe Shackleton just wanted to emphasize the journey would be full of danger and he wanted him to get prepared.

从上述的师生互动中，教师通过确认核实、质疑、提示和引发修正等多种协商策略围绕文本信息和学生所学引发并维持协商，从而促使学生不断优化回应，帮助学生构建对 Shackleton 人物性格的理解。

【课例片段 17】在人教版高中英语选择性必修一 Unit 3 Reading and Thinking：*Sarek National Park—Europe's Hidden Natural Treasure* 的读思课中，教师在学生确定文本的体裁为旅游日志后，请学生对文本内容进行预测性自主提问。

T：What do you expect to read in his travel journal? Please raise your questions.

S1：The author may see something in the park.

T：Do you mean you are curious what the author saw in the park? (确认核实)

S1：Yes.

T：(板书) So your question is：What did the author see? What other questions do you have?

S：The national park must be a very large place，so they would spend several days there and they might camp.

T：Good，you mentioned a new way to experience a park—camping. And you said "they"，so you guess there would be two or more than two people visiting the park. So do you have any other question?（诱发）

S：Who visited the park?

T：Good question…（待续）

在上述案例中,当学生自主提问环节提出的问题不够明确时,教师在与学生积极互动中采用确认核实的意义协商策略转换学生的问题,引导学生明确自己的问题。教师还抓取学生回应中的关键词 they,并诱发协商的策略引导学生主动优化自己的提问。

【课例片段 18】在 Sarek National Park—Europe's Hidden Natural Treasure 的读思课中,教师在学生基于文本信息概括赛勒克国家公园的特点时可进行提问。

T：What do you think of the park?

S：I think it's harmonious.

T：How do you know?（诱发）

S：The park has given us a lot.

T：What does the park actually give us?（诱发）

S：The food，… sunshine…，valley，…

T：So if nature gives so much to humans，what adjective would you use to describe it?（引发修正）

S：Generous.

在上述互动中,学生先给出的词为 harmonious,当教师询问学生原因时发现学生给出的词和他的支撑信息并不匹配,教师通过抓取学生回应中的关键词 give,继续追问并在学生罗列了大自然给予人类那么多具体的事物后,再引发学生修正自己对公园特点的理解。

2. 鼓励学生发起协商,促进主动优化回应

在本小组所观察的英语课堂中,教师始终是意义协商的发起者,而学生的角色主要是教师话语的响应者。这种协商模式中,意义协商的频率和质量完全取决于教师对教学策略的选择,却限制了学生作为学习主体学习的积极性。教师应鼓励学生在课堂中发起意义协商,主导意义协商的过程。

> 学生主导的协商不仅增加了课堂的互动性,提升了学生的课堂参与度,而且激发了学生主动探索和解释概念,加深了他们对课堂内容的理解。

学生主导的协商不仅增加了课堂的互动性,提升了学生的课堂参与度,而且激发了学生主动探索和解释概念,加深了他们对课堂内容的理解。此外,发起和维持意义协商需要他们使用语言来解释、澄清和确认信息,从而促进学生语用能力的发展。协商过程中的问题识别和解决有助于学生发展解决问题的能力,提高他们的评判性思维,从而提高他们的自主学习能力。

为了促进学生主动协商活动,教师可以设定清晰的活动目标,让学生了解协商的目的和预期结果。同时,教师可以为协商过程提供一个基本的框架,例如讨论的主题、时间限制和基本规则。当然,教师需要平衡自己的引导作用和学生的自主性。当学生在协商中遇到困难或偏离主题时,教师应适时介入提供帮助,但要避免过度干预。

【课例片段 19】在人教版高中英语选择性必修一 Unit 4 Reading and Thinking：*Listening to How Bodies Talk* 这一课中,教师请学生基于阅读梳理文本信息和框架画出思维导图,然后请学生上台呈现自己的思维导图。学生 1 上台呈现了思维导图(图 3.10),该学生用了 smile 一词来概括最后一段的主要内容,可见他没有理解文本最后一段作者举例 smiles 的用意。教师请其他学生就不同意见或疑问处向这位填表的同学发起意义协商。学生 2 举手向学生 1 提问,以下为他们的对话实录：

S1：Do you mean the last paragraph is about smiles?（确认核实）

S2：Yes.

S1：I'm afraid that's not right. Smiles are examples.

S2：Oh. Wait and let me see… Yes. Smiles are the best examples.

S1：Yes. The writer wants to show body language has many different uses.

S2：Yeah. Thank you.

T：So what should be written here?（教师适时介入）

S2：Maybe different uses.

T：（turns to S1）Do you agree?

S1：Yes.

Listening To How Bodies Talk

para.1 The significance of body language :
     give us information about their feelings

para.2-4 The difference of body language in different cultures or countries

- para.2 : eye contact — middle East / Japan
- para.3 : OK — Japan / France / Germany
- para.4 : "Yes" and "No" — Bulgaria / Southern Albania
  - how we touch
  - how we act when we meet or part — France / Russia
  - how close we stand

Para.5 body language having the same meaning
- placing ··· resting ··· while closing ··· → "sleep"
- moving your hand over ··· → "I'm full."

Para.6 Smile
- apologize
- greet
- ask for help
- Have a conversation.

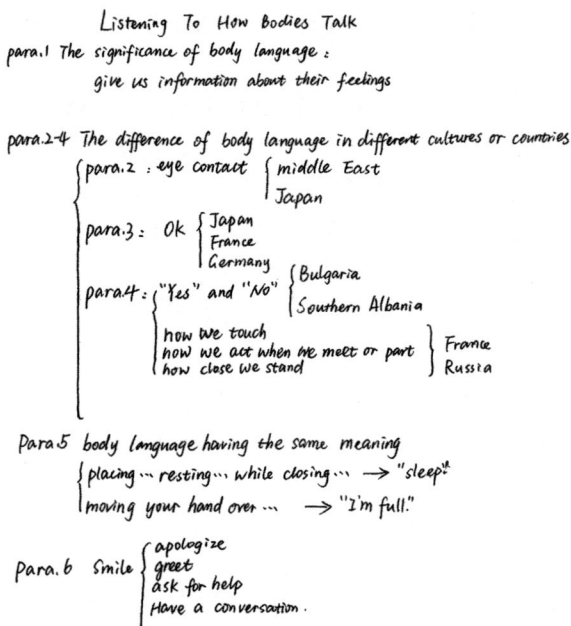

图 3.10 学生上课呈现的思维导图

(二)情感支持：营造安全氛围，维持回应状态

在课堂互动中，教师除了通过意义协商给予认知上的负面反馈，促使学生修改自己的回应，还应当提供正面的情感反馈和支持，从而增加学习者的表达愿望，促进学生更加积极主动地回应所学。提供情感支持的方式很多，除了通过口头表达赞赏、鼓励参与等方式外，教师还可以控制把握互动中其他影响学生回应的因素，如教师的等待时间、教师期望等。

1. 提供等待时间，给足回应时间

Mohr & Mohr(2007:2)提出，教师的等待学生回

应时间是影响教师与学生互动质量的因素之一。在教学互动中给予学生充足的等待时间,对学生的回应

> 在教学互动中给予学生充足的等待时间,对学生的回应有着积极的促进作用。

有着积极的促进作用。当教师给予学生足够的时间来思考问题时,学生能够更深入地处理信息,形成更全面和有见地的回应。当学生知道他们有时间准备自己的回答时,他们更有可能感到自信,并愿意在课堂上分享自己的观点。不同的学生学习速度不同,等待时间允许所有学生都有机会按照他们自己的节奏处理信息,尤其是不愿意或不敢在课堂上发言的学生,他们会因受到鼓励而参与进来,因为他们知道教师愿意等待他们的回答。

【课例片段 20】两位教师在两个英语水平相当的班级同课异构,上课的课题为人教版高中英语必修一 Unit 5 Reading and Thinking:*The Chinese Writing System:Connecting the Past and the Present*。两位教师在读前都设计了自主提问环节。

教师 A 带领学生导读第一段,通过提问"Based on the key words in paragraph one and the title, what do you think the author will talk about in this passage?"请学生预测文本。然而,教师 A 提出问题后没有留给学生思考的时间就马上请了一位学生回答,学生陷入了沉默。教师再次提示学生关注第一段和标题中的关键词。在教师的引导下,该学生终于提出了一个问题"How is the Chinese writing system?"。由于第一位同学的沉默,课堂气氛有点安静。于是教师请另一位学生提问,该生基于标题提出了"How does it connect the past and the present?"。教师请学生继续提问。教室内鸦雀无

声。教师再请学生继续提问时，学生则说自己的问题已经被问过了。

教师 B 也带领学生读了标题和第一段，并提出了一个问题：Based on the first paragraph and the title, what will be possibly talked about in this paragraph? Raise your questions. You have two minutes to discuss.

教师在提问后，给予学生一段思考的时间。学生提出了以下四个问题：

Q1：What is the Chinese writing system like?

Q2：How does it connect the past and the present?

Q3：How has Chinese writing system developed?

Q4：How did the Chinese writing system influence the development of the civilization?

可以看出，教师 B 的学生不仅提出的问题更多，而且质量更高。在教师给予的两分钟的思考时间里，学生不仅再一次细读了第一段的关键词，理清了逻辑，而且能够和同伴简单地交流，更有信心地提出了自己的问题。

很多教师都害怕课堂沉默，特别是公开课，当学生陷入沉默时，教师通常转向另一个学生或者不停地重复自己的问题，没有给沉默的学生足够的思考时间。是否要给予学生思考时间要基于问题的难度和学生的特点，尤其对于一些需要分析、综合和评价的高阶思维技能的问题，需要给予一定的思考时间。通过提供思考时间，教师不仅展示了对学生思考过程的尊重，也为学生提供了一个安全的环境来表达他们的想法，从而促进了更深层次的回应所学。

2. 表达教师期望，维持回应动力

Mohr & Mohr（2007：2）提出了教师的高期望对促进学生回应的重要性。如果教师只希望学生背诵低级知

识,或者教师对学生的期望很低,学生可能不想参加课堂活动。除了在教学设计时要设计需要评判性和创造性思维的高阶问题外,教师在课堂中可以通过告知学习目标和标准来表达期待。比如,在课程开始时,教师可以清晰地说明学生应达到的学习目标,让学生在整堂课都明确自己努力的方向从而保持回应的动力。教师在具体活动前可以通过说明活动要求,设定可测量、可达成的目标从而表达对学生的高期待,让学生根据教师设定的标准自我评估课堂表现,保持回应的状态。当学生的回应通过协商也无法修正时,教师应表达高期待,这有利于学生在后续课堂中主动持续性输入,为最后的回应所学做准备。

【课例片段 21】在人教版高中英语选择性必修一 Unit 3 Reading and Thinking:*Sarek National Park—Europe's Hidden Natural Treasure* 的读思课中,教师引导学生深层次思考,教师针对第二段的小标题 A Land of Mountains and Ice 提问,并请一位学生回答。

T:What does the author try to show by writing this title?

S:The writer wants to show the feature of this park.

T:What feature does the writer want to show?

S:It is beautiful.

T:What else?

S:…(remaining silent)

T:(waiting for a while)Don't worry. You will know it after exploring the writer's intention between the lines. I believe you will have a better idea. Later you'll have the chance to express your idea.

在这段师生互动中,教师引导学生基于小标题进行深层次的思考,当学生陷入沉默时,教师没有马上转向其他学生,而是在给予思考时间后表达了教师对该学生的高期待。然后转向学生 B 提问时,该学生对这个问题给出了自己较为深入的见解。该学生的解读为:It shows the land is well protected. It used to be a land covered by ice and it was set up as a park and kept in its natural state. 虽然在这轮提问中,学生 A 没有提出正确的理解甚至保持了沉默,但在教师给予期待之后,他继续保持认真投入的状态。在这节课的读后环节中,教师请学生以 Sarek National Park 为例说说成立国家公园的意义时,学生 A 主动举手并谈论了自己的看法。在他的表述中有:The National Park will help better preserve the land and keep it in its natural state. It is always a land of mountains and ice. 这一点回应了课文的第二段。该学生在读后环节能有这样深入的见解,离不开老师在他保持沉默时依然保持了较高的期待,使他能够继续采纳其他同学的看法并形成对国家公园的理解。

3. 平等对待回应,留下回应痕迹

教师对学生回应的回应是教学互动中的重要环节,它不仅能够促进学生的思考,还能维持他们继续回应的动力。教师应确保对所有学生的回应都给予关注和尊重,让每个学生都感到自己的意见被重视,无论这些回应是否完全正确或符合期望。即使初步的回答不完整或有误,教师也可以通过对学生的积极回应鼓励学生进行更深层次的思考。在关键环节,教师可以利用板书

> 教师应确保对所有学生的回应都给予关注和尊重,让每个学生都感到自己的意见被重视,无论这些回应是否完全正确或符合期望。

记录的学生回应,让回应留痕为课堂讨论提供可见的参考点或者作为下一个教学环节的教学起点。通过板书可以让全班同学看到回应,从而引导全班进行更深入的讨论,进一步优化学生的回应所学。

【课例片段 22】在人教版高中英语选择性必修三 Unit 2 Reading and Thinking：*Habits for a Healthy Lifestyle* 这节阅读课中,教师引导学生先读了标题和插图,该插图呈现了习惯形成的三个重要因素,即 cue、routine 和 reward。然后,教师提出引导性问题"Based on the cycle and the title, what might the passage be about?"来引导学生的自主提问。第一位学生提出的问题是：What is the structure of this system and detailed elements? 这个问题非常抽象,让人一时难以理解。但是该教师先一边板书一边重复学生的问题,然后通过提问"Do detailed elements mean the detailed information about the three key elements?"来确认自己对学生问题的理解。得到了学生肯定的回答后,教师用"What is the detailed information of each element?"转述学生的问题并将之板书到黑板上。

第二、三位学生提出的问题分别是：What are the essential elements in how a habit forms? What is the inner logic of the cycle? 这两个问题其实在图中及前面的教师和第一位学生的互动中已经有了答案,但是教师没有马上指出,依然把这两个问题写在黑板上,让学生在后续的阅读中自己寻找答案,加深印象。

【课例片段 23】教师在一堂《远大前程》课外阅读赏析课的读后环节提出"When we talk about the title *Great Expectations*, what might it signify, and how does it relate to the content of the novel?"来引导学生解

读标题。学生 A 回答"It might refer to the protagonist Pip's hopes and dreams.";学生 B 回答："Perhaps it's about expectations of social status and wealth."。教师在黑板上写下他们的答案,并标记学生 A 和学生 B 的名字。教师确保每个学生的回答都得到记录和讨论的机会,无论答案的长短或复杂程度如何。然后教师追问"How do these expectations unfold in the novel? What impact do they have on Pip's life?"。学生 C 提到"Pip's expectations eventually turn into disappointment because his dreams are based on the wrong foundation."。教师在黑板上添加学生 C 的观点,然后让学生探讨一下这些主题如何反映在我们每个人的生活中,或者学生如何从中学到对现代社会的启示。每组学生展示他们的分析结果,教师在黑板上记录关键点,并鼓励其他学生提问和评论。教师通过板书记录每个学生的回答,确保每个人的贡献都被看到和听到。教师的追问和反馈鼓励学生进行更深入的思考和讨论。通过小组活动,每个学生都有机会参与讨论并从同伴那里学习,表达自己的观点。在这个课例中,教师通过积极的互动和反馈,平等对待每个学生的回应,并利用板书作为记录和讨论的工具,从而促进学生的深入思考和学习。

第四章

促进回应所学的课堂实践
与行动改进

在研究过程中,课题组立足于主动学习视阈,致力于研究如何推动英语阅读教学中的回应所学。我们将课题研究的关注点落在如何在课堂教学中关联已知、设计多维动态交互、设计有深度且指向表达的出口任务。在实践研究中,我们重点针对活动设计与课堂互动进行研究。在活动设计上,我们通过创设真实有代入感的情境,激发学生的回应动机;通过搭建可视支架,帮助学生迁移所学;通过整合多维互动,促进意义关联;通过设置综合又有侧重的出口任务,引发优质回应。在课堂互动上,教师组织开展师生、生生、生本间的意义协商,促进回应质量的提升;教师提供充足的情感支持,帮助学生维持回应质量。以下课例及其修改过程是我们课题组坚持探索、实践、反思和改进的成果。

现以人教版高中英语必修三 Unit 2 Reading and Thinking 板块 *Mother of Ten Thousand Babies* 为例,基于"主动学习"理念,聚焦英语阅读教学中的回应所学,展示英语阅读教学中回应所学的不足，以及探讨在阅读教学中实践回应所学的方法，为阅读教学中促进学生主动学习提供借鉴与启示。

一、课例背景

本课教学内容选自人教版高中英语必修三 Unit 2 Reading and thinking 板块，单元话题为 Morals and Virtues。本课主题属于"人与自我"范畴，所属的活动主题是 Learn to make choices in life。

本文是一篇人物小传。文章按照时间顺序讲述了"万婴之母"林巧稚医生的一生，着重描写了她在各个阶段所面临的人生抉择。她在青年时期追求自己的学医梦想，成为优秀学生，优秀医生。中年时期，放弃在美国的优越生活，回到了当时苦难深重的祖国并为之效力。战争期间，她开办诊所，救治无数的贫穷病人。随后的几十年里，她不追逐名利，致力于治疗病人、研究科学和培养医生。在生命的尽头，她甚至选择放弃治疗，把医疗资源留给他人。林巧稚一生未婚，却为无数家庭坚持不懈地工作。她的选择反映了她坚定的信念、美好的心灵、高度的责任感和奉献精神。

人物传记是介绍人物、感受人物精神的重要文体。人物传记通常以时间为叙述顺序，常以第三人称叙述某个人物的人生事迹，凸显人物伟大精神。本篇人物传记结构清晰，共六个段落，全文按照时间顺序叙写了林巧稚医生的生平事迹及关键人生抉择。在该语篇中，有两幅图片，一幅彩色图片展示了林巧稚医生工作时的样子，图片下方标注了她的名字和时间，呈现出了她的基本信息；另一幅图片是黑白色的，是林巧稚医生被一些儿童围绕着的场景,图片中的儿童比第一幅图片中的年长。并且,该语篇多处引用了林巧稚原话的英译,真实而有说服力,深入刻画了她的高贵品质。

二、初次实践

(一)教学目标设定

By the end of the class, students will be able to:

1. raise questions about Dr. Lin and her life choices based on the given pictures and paragraph.

2. collect information about Dr. Lin's life choices, difficulties of each choice, reasons for her choices, and her qualities through self-directed reading, text analysis and group discussion, and complete a chart.

3. work out her main principle in life through text analysis and group discussion.

4. write a paragraph describing Yuan Longping's hard life choices through applying what they have learned about Dr. Lin.

(二)教学环节呈现

Activity 1: Self-directed questioning before actual reading

This activity is designed for Aim 1.

Step 1. Free talk

The teacher has a free talk with the students about the choices they have made recently and asks them to explain whether these choices are difficult and why they make such choices.

Q1：Have you made any choices recently?

Q2：Are they difficult to make? Why do you make such choices?

The students may answer with some choices they've just made in daily life, like deciding subjects combination, choosing what to eat, choosing which homework to do first, etc. Whether these choices are easy or difficult to make and the reason for them may vary.

【说明】该步骤为课堂引入环节。结合本课活动主题 Learn to make choices in life,教师通过询问学生做过的日常选择，让学生体会做选择有难有易，每个选择背后都有其原因，以此来激活学生已有的认知图式。通过学生的真实生活体验，激发学生的回应动机。随后教师自然引入林巧稚所做人生抉择的文本内容，为后续教学环节做好铺垫。

Step 2. Self-directed predicting

The teacher shows the students pictures of Lin Qiaozhi, introduces her, and asks them to read Paragraph 1 and raise questions about the content of the text.

Questions students raised：

Q1：What hard choices did she make?

Q2：Why were they hard choices?

Q3：Why did she make these choices?

Q4：Why was she an amazing woman?

…

【说明】学生通过图片和文本第一段初步了解林巧

稚的职业、文本相关内容等,通过引导学生自主提问,促使学生能够更有目标性地阅读和理解后续文本内容。同时,自主提问的方式有助于培养学生主动学习的能力。

Activity 2：Self-directed reading to probe into the passage

This activity is designed for Aim 2.

Step 1. Self-directed reading

The teacher asks the students to read the passage thoroughly without interruption in about 8 minutes. The students will locate the answers to their predicted questions.

【说明】学生通过无干扰阅读的方式,独立在文本找寻前一环节自主提问的答案。在此过程中,学生依据先前的预测,主动理解文本,筛选、加工文本信息。文本的无干扰整体阅读有助于促进学生主动学习能力的培养。

Step 2. Probing into Dr. Lin's life choices

Task 1：The teacher guides the students to share their answers to the first question raised previously on the blackboard.

Q1：How many hard life choices did she make? What are they?

Task 2：The teacher asks the students to take Paragraph 2 as an example and continue to answer the following questions and fill in the chart.

Q2：Why were they hard choices?

Q3：Why did she make these choices?

Q4：Why is she regarded as an amazing woman? What qualities did she have?

(possible answers in this task)

表 4.1 Dr. Lin's life choices

Time	Choices	Reasons	Difficulties	Qualities
Age 18	Instead of following the traditional path of marriage, she chose to study medicine.	She was deeply affected by her mother's death.	• brother's complaint • high tuition fees • social norm at that time	determined
1939	She rejected the offer to stay in America and returned to China.			
1941	She opened a private clinic despite the war.			
New China	She preferred to focus more on medical work rather than pursue a political position.			
Before death	She donated her savings and gave up treatment.			

Task 3：The teacher asks the students to work in groups of four，analyze information about the following choices based on the chart，and complete the chart. Then the teacher presents some of their charts on the screen.

The students may complete a chart like this：

表4.2　Dr. Lin's life choices

Time	Choices	Reasons	Difficulties	Qualities
Age 18	Instead of following the traditional path of marriage, she chose to study medicine.	She was deeply affected by her mother's death.	• brother's complaint • high tuition fees • social norm at that time	determined
1939	She rejected the offer to stay in America and returned to China.	She wanted to serve the women and children at home.	gave up better life	patriotic, selfless
1941	She opened a private clinic despite the war.	She thought of all the people still in need of help.	• danger/ the war • poverty • poor transport	brave, considerate, compassionate
New China	She preferred to focus more on medical work rather than pursue a political position.	She was more interested in medical work and her responsibility as a doctor.	gave up higher position/ status	caring, dedicated, responsible
Before death	She donated her savings and gave up treatment.	Her final thoughts were for others.	gave up her own life	hardworking, selfless

　　【说明】学生先梳理出林巧稚的各个人生抉择，明白在不同阶段她面临不同的艰难抉择。从浅层问题入手，帮助学生理清文本结构。随后，以第二段为例，教师引导

学生回答其他几个自主提问，为后续学生自主解读余下段落内容搭建支架，辅助学生深入解读文本，迁移所学。最终，学生依靠支架的帮助，形成对文本的完整结构化分析。

Activity 3：Further thinking and summarizing Dr. Lin's life principle.

This activity is designed for Aim 3.

Step 1. Further thinking

Task 1：The teacher guides the students to analyze Lin's quotes in Paragraphs 1 & 6.

Q1：Are these two quotes contradictory?

Task 2：The teacher shares three interesting facts about Dr. Lin, and asks the students to discuss what kind of life the parents wanted the kids to choose by naming their kids "Jinglin", "Nianlin" and "Yanglin", and the meaning of two numbers：50,000 and 0.

> Some interesting facts about Dr. Lin

Fact 1：*Some parents named their babies delivered or saved by Dr. Lin "Jinglin"*（敬林）, *"Nianlin"*（念林）, *and "Yanglin"*（仰林）.

What kind of life did they wish their children would choose?

Fact 2：*She once delivered Yuan Longping, Liang Zaibing and Liang Congjie (Liang Sicheng & Lin Huiyin's babies).*

Fact 3：50,000 **vs** 0

She never married or had children of her own, but always wrote "Lin Qiaozhi's Baby" on the newborns' name tags, resulting in her being nicknamed "Mother of Ten Thousand Babies".

图 4.1 Three interesting facts about Dr. Lin

Q2：What kind of life did they wish their children would choose?

Q3：What do these two numbers mean?

【说明】教师引导学生关注两句看似矛盾的林巧稚引语，深入思考林巧稚对于工作的全然投入和对病人的无私奉献精神。学生在理解两句引语含义的同时，形成了对前面环节所学文本的回应。随后教师展示三条有关林巧稚的有趣信息，激发学生的回应动机，促进学生进一步探究林巧稚的个人品质，并为下一步活动做好铺垫。

Step 2. Summarizing Dr. Lin's life principle

Task 1：The teacher asks the students to put the two numbers on a scale of life choices in Dr. Lin's heart，and inquires anything else that can be put on the scale.

Q1：How would you put these two numbers onto the scale of life choices in Dr. Lin's heart?

Q2：Are there anything else that Dr. Lin would put on both sides of the scale?

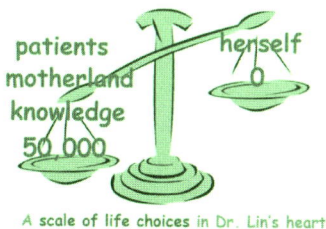

> Anything else would Dr. Lin put on both sides of the scale?

patients
motherland
knowledge
50,000

herself
0

A scale of life choices in Dr. Lin's heart

图 4.2　A scale of life choices in Dr. Lin's heart

Task 2：The teacher guides the students to summarize the main principle that guided Lin Qiaozhi through her life choices.

Q：What was the main principle guiding her through life choices?

【说明】天平的图像对应了选择与放弃的两方面，起到可视支架的作用。学生在思考林巧稚人生抉择天平两端内容时，加深了对林巧稚人生抉择的认知，进一步体会到了她的伟大品质。该任务促使学生迁移所学，形成对文本内容的回应，深化思维角度的回应。

Activity 4：Writing about Yuan Longping's hard choices.

This activity is designed for Aim 4.

The teacher has the students write a paragraph about Yuan Longping's hard choices and his impressive qualities.

【说明】学生通过联系并迁移本课所学，运用他们的已有知识，介绍袁隆平的人生抉择以及从中体现出的他的个人品质。该写作任务促使学生关联已知，综合课堂所学，生成针对本课内容、语言和思维的回应。

Assignment：

Write a short paragraph about a person you admire. He/She can be someone famous, someone you know, or even someone around you. Remember to introduce his/her hard life choices and impressive qualities, and apply the words and phrases learned in class to your writing.

三、课例反思

基于"主动学习"的理念，立足回应所学的视阈，课题组通过文献研读、合作讨论、教学设计、集体磨课、实践反思等环节,对教学内容进行了初步尝试。课后,课题组一致认为,该次尝试有可取之处,其中一些教学环节能够反映出对主动学习理念的尝试,试图在课堂上促进学生回应所学;但一些课堂环节的呈现效果与先前的预设有较大偏差。故课题组进行了课后反思,主要有以下几点需要改进。

(一)内容铺垫不足,致使回应偏差

本节课授课教师遇到的第一个困难在于学生的自主提问。学生基于给出的图片和课文首段,提出的问题大多未涉及预设的有关"人生抉择"的话题。教师不得不主动引导学生提出"抉择"相关问题,致使课堂气氛变得沉闷,环节进展速度放缓。课题组认为,该情况的发生一是由于情境创设不足,学生缺乏真实体验;二是由于教师课堂指令不清晰,学生未能聚焦回应重点。因此,在后续改进中,需在课堂导入环节加强学生对"抉择"话题的体验,并且在教学指令上明确学生的自主提问方向。针对学生第一次进行自主提问有一定畏难的情绪,教师可给予学生适当的可视支架,适当降低提问难度,给学生营造出安全的氛围。

(二)思维挖掘不深,致使回应浅显

课题组认为,尽管本节课设计的大部分活动环节学生都能进行较好的回答,但学生的回应大多内容浅薄、形式单一,仅仅是对文章表层信息的提取,缺乏深度思考。例如,在第一次阅读后,学生利用教师设计的表格进行填空。该活动形式较为传统,教师对课堂控制较严,要求学生对问题一一作答,未能体现学生的主体灵活性。

另外，在"给林巧稚人生天平填充内容"的活动环节，活动设计看似有趣，但学生也仅仅只是将她人生抉择的几项内容填入其中，实际上是填表环节的重复，并未能使学生产生更深刻的思维层面的回应，学生回应的质量并不高。

因此，支架的呈现方式需要再思考改进，帮助学生梳理表层内容的同时，也要能挖掘思维的深度。同时，课堂活动的设计需要体现出思维深度的递进。因此，在表层信息处理完毕后，教师需要利用多维互动形式，辅助学生将所学进行迁移，设计兼顾内容、语言、思维的综合性出口任务，深入挖掘林巧稚人生抉择背后的伟大精神和崇高品质。

(三)语言输入缺乏，致使回应单一

本次实践的出口任务设置为"袁隆平人生抉择"的写作任务，课堂实践中发现学生完成的质量并不算太高。原因之一是学生还未学到有关袁隆平生平的课文，对他的人生抉择背景知识储备不足。原因之二是学生在本课学习中未接触到足够的语言表达内容，导致学生在写作中难以用丰富的语言表达出"抉择"，语言回应质量不佳。因此，在后续的改进中，教师需要将语言内容的输入贯穿整节课之中，通过丰富的形式进行呈现、运用，优化学生语言回应的质量。

四、实践改进

(一)教学目标重设

By the end of the class, students will be able to：

1. raise questions about Dr. Lin and her life choices based on the given pictures and paragraph.

2. collect information about Dr. Lin's life choices, difficulties of each choice, reasons for her choices, etc. through self-directed reading, and answer the questions raised.

3. autonomously rearrange the information of Dr. Lin and design a chart based on the questions raised previously.

4. identify Lin Qiaozhi's qualities through self-directed reading, text analysis and group discussion, and act out an imaginary interview between an interviewer and Dr. Lin by applying what they have learned about Dr. Lin.

【改进说明】

本次课堂目标重设主要对教学目标 2、3、4 进行了改进。

针对课堂中思维深度挖掘不足的问题,在重设的目标中,将林巧稚的精神品质与其人生抉择分开进行讨论,并加入灵活的支架辅助理解。如目标 2 所示,首先通过自主提问和自主阅读解决有关人生抉择、困难、原因等表层信息;随后,依据目标 3,通过学生自主搭建表格支架,梳理相关表层信息,深入思考并讨论林巧稚的精神和品质;最后,以完整支架辅助学生完成出口任务——访谈展示,体现思维深度及语言运用。

（二）教学改进与说明

Activity 1：Self-directed questioning before actual reading

This activity is designed for Aim 1.

【实践改进一】明确设问内容，强化话题体验

Step 1．Free talk

The teacher has a free talk with the students about the hard choices they have made and asks them to explain the difficulty and the reasons for such choices.

Q1：Have you made any hard choices?

Q2：Why are they difficult to make? Why do you make such choices?

The students may answer with some hard choices they have made，like choosing the subjects to learn，choosing what college to go to in the future，etc. Why they are difficult to make and the reason for them may vary.

【改进说明一】在引入环节，教师重点提问学生所做的艰难决定，而非第一次实践中提问日常生活中的决定。在提问上更加明确，在师生互动中引导学生体会所做决定的艰难之处，激发学生的真实体验，也为后续教学环节做好铺垫。

【实践改进二】多轮自主提问，提升回应质量

Step 2．Self-directed predicting

Task 1：The teacher shows the students a picture of Lin Qiaozhi with children，and asks what they see in the picture．The teacher then asks the students to predict the relationship between the old lady and children，and raise questions.

> ➤ **What do you see in this picture?**
> *Mother of Ten Thousand Babies*

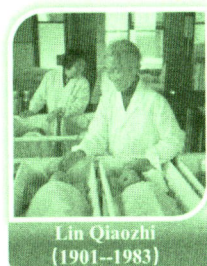

图 4.3　自主提问辅助图 1

Questions students raised：

Q1：Why did she have so many babies?

Q2：Who was she?

Q3：Was she the real mother of these babies?

...

Task 2：The teacher shows the students another picture of Lin Qiaozhi with babies in the hospital，and lets them try to answer the previous questions.

> ➤ **What do you see in this picture?**
> *Mother of Ten Thousand Babies*

Lin Qiaozhi
(1901--1983)

OB-GYN: a physician in women and babies' health

图 4.4　自主提问辅助图 2

Task 3：The teacher asks the students to read Paragraph 1, underline key words, and raise questions about the content of the text based on the key words.

Questions students raised：

Q1：What hard choices did she make?

Q2：Why were they hard choices?

Q3：Why did she make these choices?

Q4：Why was she an amazing woman?

...

【改进说明二】此活动步骤相比第一轮试课,增加了一轮针对林巧稚照片的提问。这样的修改,一是激发学生对话题人物的兴趣,激发学生的回应动机;二是为后续自主提问提供简单的操练机会,使学生初步适应提问的方式。随后,教师呈现有关林巧稚的另一幅照片,学生感到惊讶,活跃了课堂气氛,学生同时自主解答了第一轮提问中有关她身份的疑问。在针对课文文本第一段的自主提问环节,教师引导学生先画出关键词,再针对关键词进行提问,实际上给学生搭建了提问的支架,辅助学生进行有效提问。

Activity 2：Self-directed reading to probe into the passage

This activity is designed for Aims 2 and 3.

【实践改进三】搭建灵活支架,激发主动学习

Step 1. Self-directed reading

The teacher gives the students 8 minutes to read the passage thoroughly without interruption. The students will locate the answers to their predicted questions.

Step 2. Probing into Dr. Lin's life choices

Task 1：The teacher guides the students to share

their answers to the questions raised.

The students can choose whichever question they prefer to answer. The teacher takes down the students' answers on pieces of colorful paper and sticks them beside the questions. Answers to the same questions should be written on the paper of the same color.

Task 2：The teacher asks the students to design a chart based on the previous questions raised，and to rearrange the answers written on the colorful paper. One student is invited to come to the blackboard to present his/her chart design and stick the pieces of colorful paper with answers to the right blank in the chart.

T：These answers are just bits and pieces about Dr. Lin's choices. Can you design a chart based on the previous questions you raised to rearrange these pieces of information?

表 4.3　通过表格搭建信息梳理支架

Personal Profile of Dr. Lin

➢ Design the chart to rearrange the information

The students may come up with a chart like this：

表 4.4 Dr. Lin's life choices (scaffolding)

Time	Choices	Reasons	Difficulties	...
Age 18				
1939				
1941				
New China				
Before death				

Task 3：The teacher guides the students to analyze information about the first choice based on the chart. Then the teacher lets the students continue to complete the chart by themselves，and shares several students' chart with the class.

The chart a student designed：

表 4.5 Dr. Lin's life choices

Time	Choices	Reasons	Difficulties
Age 18	Instead of following the traditional path of marriage，she chose to study medicine.	She was deeply affected by her mother's death.	• brother's complaint • high tuition fees • social norm at that time
1939	She rejected the offer to stay in America and returned to China.	She wanted to serve the women and children at home.	gave up better life

Time	Choices	Reasons	Difficulties
1941	She opened a private clinic despite the war.	She thought of all the people still in need of help.	• danger/the war • poverty • poor transport
New China	She preferred to focus more on medical work rather than pursue a political position.	She was more interested in medical work and her responsibility as a doctor.	gave up higher position /status
Before death	She donated her savings and gave up treatment.	Her final thoughts were for others.	gave up her own life

图 4.5　学生课堂生成

【改进说明三】此活动步骤相比第一次试课有较大变化：

1. 无干扰自主阅读后，学生可选取任意问题进行回答，给学生更大的自由

> 无干扰自主阅读后，学生可选取任意问题进行回答，给学生更大的自由度，真正体现学生的主体地位。

度,真正体现学生的主体地位。而第一次试课中,教师是引导学生按问题顺序回答,对课堂控制度较高,未能很好体现"主动学习"的理念。

2. 教师在学生自主回答问题时,将学生的答案写在不同颜色的彩色纸上,尊重每位学生的回答,给学生营造了安全的氛围,有助于维持学生的回应状态。同时,不同颜色的彩色纸对应不同问题的答案,针对同一问题的答案用同样颜色的纸来呈现,相当于给学生搭建了可视支架,辅助学生完成表格设计的任务。

3. 表格这一内容支架的搭建由教师直接提供变为学生主动创造。学生根据前一环节的自主提问,将同学们通过无干扰阅读找到的碎片答案进行重组、归纳,定标题,形成表格,独立完成支架搭建。这样的学生回应不再只是有关内容,而是加入了思维方面的回应,挖掘了回应的深度,激发了学生学习的主动性。

4. 利用学生自主生成的表格,教师再细化处理各段落内容,以第二段(即林巧稚的第一个抉择)为例,给学生自主填表活动作了示范,辅助学生迁移所学,优化回应的质量。

5. 为了增加语言的输入,加强后续环节学生在语言方面的回应,教师在展示学生回答时特别用红色标出与"选择"有关的关键词(本课例以加粗体呈现),例如instead of … , choose to, reject, prefer to, give up, want to, be more interested in 等,铺垫了有关"选择"的语言方面的表述。

总的来说,此次改进后的活动设计互动形式丰富,环环相扣,整合了内容、思维、语言方面的互动,并搭建了多个支架,有助于学生自主推进阅读理解,生成优质回应。

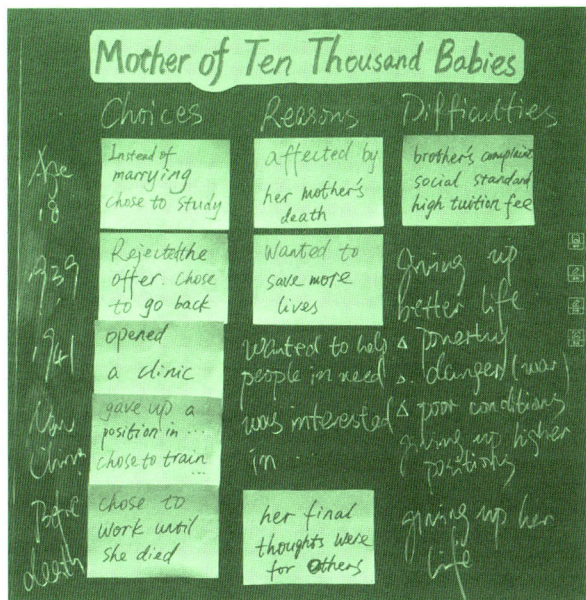

图 4.6　磨课中的板书呈现

Activity 3：Discussion and presentation of Dr. Lin's quality.

This activity is designed for Aim 4.

【实践改进四】灵活处理表格，深化思维回应

Step 1. Analysis of Dr. Lin's quality

The teacher asks the students to analyze Lin's qualities in pairs and continue to complete the chart.

T：As you can see，the chart is not complete. So can you add one more column at the right side to show how amazing Dr. Lin Qiaozhi was? （Students may answer "her qualities" or "her personalities" etc.）Can you work in pairs and work out her qualities?

【改进说明四】前一活动环节中提供给学生的空表格在右侧是有延展的，说明这个表格并非完整，可继续向右添加新的栏目。该设计给学生更大的自主空间，学生在探究完林巧稚人生抉择的表层信息后，可深入探究这些抉择体现出的伟大精神和崇高品质。

在前一版设计中，有关林巧稚品质的处理是放在教师给出的表格中与表层信息共同处理的；在改进设计中，有关林巧稚品质的分析是在分析完表层信息后单独处理的。学生经过小组讨论后将成果向全班汇报，教师与学生开展对话，追问学生运用该词语展现林巧稚伟大精神和崇高品质的原因。教师的追问旨在让学生迁移所学，运用好文本内容和有关选择的相关语言表述，进行思维层面的深入回应。

【实践改进五】巧借具体情境，优化回应深度

Step 2. Role play

Task 1：The teacher has the students work in groups, imagine having a chance to interview Dr. Lin, and raise meaningful questions about her life choices based on the chart. (The teacher gives an example：Have you regretted not having your own baby?)

The students came up with these questions in class：

Q1：Have you felt bored with your job?

Q2：Why don't you want to retire even when you can?

Q3：Would you still make the same choice if your mom didn't pass away when you were little?

Q4：How can you make life choices so determinedly?

...

Task 2：The teacher asks the students to do a role play in pairs and act out the interview. （one student as the interviewer, the other student as Lin Qiaozhi）

➤Role play in pairs: If you were Dr. Lin, how would you answer these questions?

interviewer: Choose two questions you are most interested in

interviewee (Lin Qiaozhi): answer the questions based on what you have learnt about her

图 4.7　课堂采访活动情境

【改进说明五】此次改进放弃了原有的"天平"设计，引入了假设的情境：林巧稚与记者在采访中的问答。这样的设计有几点好处：一是创设了具体情境，有助于学生在体验中回应所学，激发学生回应的动机。二是整合了生本、生生、师生等多维互动形式。在老师的示范下，学生进行本堂课的第三轮自主提问。该采访展示环节作为出口任务，兼容内容、语言与思维，且充满趣味性，学生在一问一答中将先前环节所掌握的林巧稚人生抉择和精神品质进行综合，运用前面环节所强化的语言表达，生成有思维深度的优质回应。

【实践改进六】综合课堂所学，产出优质表达

Assignment：

1. Required：Write a paragraph about a great woman's hard choices and what impresses you most about her. （examples of great women：Marie Curie；

Tu Youyou; Fan Jinshi) Remember to use expressions about choices mentioned in class.

2. Optional：Explore more interesting facts about Lin Qiaozhi and share with your classmates.

> Write about one of these great women: What were her life choices? What impresses you most about her?

- **Choices/Reasons/Difficulties/Quotes/Qualities**
- *instead of, despite*
- *chose to, preferred to … rather than … ,*
- *was more interested in, wanted to, would rather*
- *gave up, rejected*

Marie Curie: Mother of Radium (Ra镭)

Fan Jinshi: Daughter of Dunhuang

Tu Youyou: Mother of artemisinin(青蒿素)

图 4.8　综合课堂所学的课后作业要求

Teacher's Version：

Fan Jinshi, known as the "Daughter of Dunhuang", dedicates her entire self to the preservation of the Mogao Caves in the harsh desert of Dunhuang.

In 1963, after graduating from Peking University, Fan Jinshi gave up a comfortable urban life and chose to work at the Mogao Caves, a place she had long wanted to explore. Despite the challenging living conditions and the strain of being apart from her family for long periods, she dedicated herself to the research, copying of murals, and preservation of the caves. When others proposed to commercialize the Mogao Grottoes for tourism and economic benefits, Fan firmly rejected it, stating her responsibility to protect the heritage left by ancestors and fearing the destruction of the cultural relics.

Her choices in life reflect a profound sense of responsibility and an unwavering commitment to her work, embodying the spirit of selflessness and perseverance.

（参考文本说明：该参考范文的文本结构为"总—分—总"，通过两个例子阐释了樊锦诗的两个重要人生抉择：毕业后享受城市舒适的生活，还是去环境艰苦的敦煌保护莫高窟；以及是否为了经济利益将敦煌商业化。文本中运用了 give up、choose to、despite、reject 等与选择相关的表述，均来自课堂的语言输入。并且，文本最后总结了樊锦诗的精神品质，凸显出她的高贵人格魅力。）

【改进说明六】本次改进中将后续写作环节调整为作业任务：一是出于对课堂容量的考虑。在初次实践中，我们发现教师在部分环节设置的回应时间不足，导致学生难以生成高质量的回应，因此此次改进加长了部分环节的回应时间。二是便于学生在写作前查找相关资料，对相关话题人物形成更深入的认知。教师给学生提供三位伟大女性（居里夫人、屠呦呦、樊锦诗）作为例子。学生们对这三位伟大女性的事迹有较多的背景知识储备，且她们与林巧稚同为女性，能促使学生更好地迁移所学。同时，在 PPT 上，教师呈现课堂中输入的语言表达，引导学生综合课堂所学，在内容、语言和思维层面产出优质表达。在写作过程中，学生能够进一步体会到伟大人物面临人生抉择时的做法和体现出的伟大品质，并初步掌握描述人物的技能。

Mother of Ten Thousand Babies

Time	*Choices*	*Reasons*	*Difficulties*	*qualities*
Age 18				
1939				
1941				
New China				
Before death				

1. Why did she have so many babies?
2. Who was she?
3. Was she the real mother of these babies?

1. What hard choices did she make?
2. Why are they hard choices?
3. Why did she make these choices?
4. Why was she an amazing woman?

图 4.9　课堂板书设计

五、结论与共识

本课题组通过多次磨课、试课、观课、评课，反思实践中出现的问题，积极尝试、改进实践，在教学的各个环节致力于突出主动学习，运用多重策略，旨在强化回应所学，达成了预期的教学效果。总结实践操作，我们达成以下共识：

(一)巧用多样方式激发学生回应所学

1. 设置灵活自主提问

葛炳芳(2024:55)提出以自主提问为培养学生主动学习能力的起点，学生的自主提问可以在读前、读中、读后等不同时间以多种方式进行。教师应尽可能使学生自主提问成为整节课或至少是某个教学环节的主线。课题组认为，灵活的自主提问可以出现在课堂不同时间，例如，在实践改进中，课题组设置三轮自主提问，分别是课堂导入环节、自主阅读前、阅读完成后，并设置不同方式的自主提问，如观察图片并提问、根据首段关键词提问、设置采访情境提问等。学生通过多轮次提问逐渐深入思考,激发其主动学习动机。

2. 搭建多种可视支架

葛炳芳(2024:56)认为,在设计课堂活动时,教师应理解细节梳理、概念化与结构化的关系。基于细节梳理的概念化分类,并在概念化基础上的结构化整理,是英语阅读教学的重中之重。概念化是结构化的前提,结构化是概念化的目的。课题组通过实践得出,在教学各个环节搭建可视支架,可以辅助学生梳理细节,归纳概念,进行结构化整理。例如,在实践改进中,课题组将教师给予学生表格修改为让学生根据自主提问自行归纳

> 在教学各个环节搭建可视支架,可以辅助学生梳理细节,归纳概念,进行结构化整理。

表格的表头,教师提供空白表格和彩色纸的颜色分类作为支架,该修改方式中,自主提问辅助学生进行概念化分类,以表头形成呈现在表格中,实现了结构化的目的。在整个活动中,学生的自主参与性强,贯彻了"主动学习"的理念。

3. 整合动态多维互动

课题组认为,在教学设计中,教师需要关注到活动形式的丰富性,设计多维互动形式,实现阅读课堂的生本互动、生生互动、师生互动。在实践改进中,课题组通过师生对谈、图片观察、预测等方式

> 课题组通过师生对谈、图片观察、预测等方式激活背景图示;通过自主提问、无干扰阅读、自主解答、图表设计、图表填空等方式梳理表层细节;通过小组讨论、问答情境演绎、模仿写作等方式推进文本深层加工。

激活背景图示;通过自主提问、无干扰阅读、自主解答、图表设计、图表填空等方式梳理表层细节;通过小组讨论、问答情境演绎、模仿写作等方式推进文本深层加工。教师在课堂上运用动态、多维的互动形式,使学生在课堂中能够始终保持高度参与度,在足够安全的氛围中维持住回应的状态,确保了回应的质量。

(二)关注语言思维促进学生回应质量

> 语言是英语课堂教学的重要目标。学生在课堂上对内容的回应,本质上也是认知、内化和运用语言的过程。教师要帮助学生进行语言学习和思维发展,学会用目标语言表达思想。

语言是英语课堂教学的重要目标。学生在课堂上对内容的回应,本质上也是认知、内化和运用语言的过程。教师要帮助学生进行语言学习和思维发展,学会用目标语言表达思想。带着这样的共识,课题组在实践过程中发现,首次试课忽视了对于语言和思维的回应,课堂的活动设计多侧重于对内容的回应。因此,在实践改进中,课题组有意识地在活动设计和课堂互动中加入对于语言的输入。例如,要求学生画出关键词,用不同色彩的笔标注出与"选择"相关的表达,引导学生在回答中运用相应的语言表述,在写作中指导学生进一步操练相关表达等。通过反复的输入与输出操练,学生在课堂进行中逐渐优化语言回应的质量。

同时,课题组将一些环节的设计进行大调整,挖掘思维深度。例如,行动改进中要求学生自主设计表格,学生需要调动理解、归纳等思维能力;虚拟的采访情境要求学生迁移、整合所学内容、语言表达,调动思维品质,创造出符合人物形象、符合情境的对话。如此修改之后,学生的学习不只是停留于表层信息的获取，而是能够自主概括、归纳、运用知识，深刻体会文本字里行间传达的意义，培养语言能力、文化意识、思维品质和学习能力等英语学科核心素养。

学生的学习不只是停留于表层信息的获取，而是能够自主概括、归纳、运用知识，深刻体会文本字里行间传达的意义，培养语言能力、文化意识、思维品质和学习能力等英语学科核心素养。

　　总的来说，在促进学生回应所学的英语阅读课堂中，教师应通过设置自主提问、搭建可视支架、整合多维互动等多种教学方式，激发学生回应动机，并通过加强语言和思维层面的回应以提高学生回应质量。教师借助实践与反思，帮助学生在主动学习的课堂中，学习语言知识，培养思维品质，发展文化意识，完善学习策略。

第五章

研究与思考

一、体验与收获

在针对主动学习及英语阅读教学中的回应所学等方面进行了两年的实践与研究后,本课题组确定以"主动学习视阈下的英语阅读教学中的回应所学"为研究方向,通过大量文献阅读、反复课堂实践、多轮组内研讨、数次观课分析、不断反思改进,我们厘清了"回应所学"的概念内涵,探索出在主动学习视阈下如何更好地促进英语阅读教学中回应所学的可行措施。

本研究重点分析了目前英语阅读教学中回应所学方面存在的问题及原因,用具体课例证实了教师在实际教学中会出现的问题。我们发现,学生在课堂中存在缺乏回应和低质回应两种回应状态。其中低质回应包括学生浅层回应、无效回应和被动回应等。以上回应状态存在的原因,一是教师未考虑到回应的主体应为学生,在课堂提问中应考虑学生本身的语言能力和思维能力;二是教师未设置回应的铺垫,例如教学内容由浅入深的铺垫、不同教学环节给予不同教学时间的铺垫;三是教师未挖掘回应的深度,仅关注表层细节信息,未能重视学生思维品质的发展。课题组认为,要改变不佳的回应状态,教师应关注学生在学习过程中与已知的关联,课堂中与教师、同伴和文本的动态交互,以及学生的输出需综合而有侧重地指向表达。课题组通过反复课堂观察实践、反思总结,归纳出促进回应所学的活动设计与课堂互动策略,提供丰富案例支撑,并在第四章呈现完整课例及改进过程,力求有理有据展示我们的研究发现,为读者提供具体可借鉴的做法。

(一)营造优质回应环境

本研究提到,当前课堂学生回应存在缺失和低质等问题,教师可通过多种途径营造安全、积极、主动的回应环境,促使学生敢回应、想回应、多回应。

情境创设是主动学习产生的必要条件。构建情境需真实,需避免刻意制造"伪情境"。情境构建也要关注体验感。创设真实、有体验感的情境,教师需进行充分文本解读,多渠道选取与文本相关的、经得起推敲的情境,进行合理改编,使学生作为可参与的角色代入情境,有真实感地在课堂体验现实问题的解决,真实地走进文本之中,理解文本,从文本中建构自己的知识,并创造新的意义。有真实性和体验感的情境为学习者提供了具体切实的探索和实践语言的机会,有助于学生主动进行信息加工、意义建构,主动表达自我、主动回应。

教师在课堂互动中的反应和引导,有助于优质回应环境的营造。课堂互动包括师生互动、生生互动以及生本互动。设置合理且丰富的课堂互动能够激发学生的兴趣,使他们更加积极地参与到学习过程中,主动回应所学内容。互动中的意义协商是优化回应质量的重要手段。在意义协商的过程中,教师通过多种意义协商的策略,了解学生的需求、疑惑、兴趣,提供个性化的反馈和支持,及时调整教学;学生并非被动接收信息,而是积极参与到互动中,关注语言的输出,把纠错提示与自身的知识经验结合起来,主动解决意义协商中出现的问题,从而促进了语言能力的发展。同时,学生在交流中发现新的意义,并将其融入知识体系中,促进其对所学进行更深入的回应。因此,协商的发起者不应局限于教师,而应鼓励学生在课堂主动发起意义协商,以增强课堂互动性,提升课堂参与度,加深学生对课堂内容的理解,提高自主学习能力。

在课堂互动中,教师的情感支持十分关键。负面反馈可促使学生修改输出,而过多的负面反馈则会打击学生的学习积极性。故教师也应提供正面的情感反馈和支持,如口头表达赞赏、鼓励参与、给予适当的教师等待时间、适当表达教师期望等,营造出让学习者感到安全的回应环境,从而增加学习者的表达愿望,促进学生回应所学。

(二)巧用丰富回应手段

为了推动回应的质量和效果,促使回应贯穿阅读课堂的全过程,课题组认为,在不同教学环节,教师可利用多种手段,激发积极、高质回应,助力学生主动学习。

在阅读课堂生本互动中,学生通过不断"解码—编码—解码"的循环,灵活迁移所学,生成具体、有深度的回应。过程中教师通过提供支架,一方面将复杂的任务加以分解,另一方面助力学生将文本内容进行综合、直观的整理,并通过自己的语言再解读、再表达,从而保证学生在出口任务中,根据所理解的内容输出更有针对性、更深入的回应。支架搭建的形式要可视化,根据文本特点搭建形式多样的支架,例如表格、折线图、插图、导图等,系统、清晰、有条理地梳理文本信息,帮助学生把握文本内涵。所搭建的支架要有可读性,即可从多维度对其进行意义解读,有助于学生生成对文本的深层理解和多样化回应。

学生是学习的主体,以教师为中心的传统教学模式已不适用于主动学习的开展。在主动学习的英语阅读课堂中,学生回应所学的本质为建立意义关联的交互活动的过程(葛炳芳,2024:54)。在教学设计中,教师采取交互式教学方式,设计多维互动形式,实现阅读课堂丰富的生本互动、生生互动、师生互动。课题组认为,要从学生主动性出发设计交互式教学活动,学生自主提问是一个可采取的重要策略,教师在其中担任引导者和协调者的角色,学生成为课堂交互的主导者。自主提问可以灵活发生于课堂的任何时候,使学生的学习主动性在交互中持续发生,增强学生学习的热情和参与度。

课堂若是全程充斥师生问答模式,势必限制学生生成有深度和多样性的回应。因此教师可创造性地引入多样化的互动模式,利用小组合作学习和同伴互助等多方位的交互方式激发学生互动热情,推动学生在课堂中主动回应的发生。同时,在课堂中运用文字以外的多模态教学模式也能拓展学生对主题的多元认知,激发学生兴趣,提高课堂参与度,推进主动学习。

(三)推动深度回应生成

传统阅读课堂教学中,一些教师将文本内容进行割裂式解读处理,故学生在课堂中仅进行浅层化、碎片化的回应所学，未能对文本进行结构化梳理，无法深层次理解文本的主题意义。课题组认为，为了推动深度回应的生成，在教学活动中应做到关联学生已知，引导学生整合新信息与已有的知识框架，教学过程层层关联、层层推进，使学生能在课堂中不断学习新知、关联已知、运用新知，形成深层次的认知结构。

葛炳芳（2024：54）提出，回应所学强调了学生要针对所学的知识，有目的并高效地做出回应，在内容、语言和思维上都能呼应所学，在设计文本学习结束时的"出口任务"和达成这一"出口任务"的过程性活动中均需关注对于内容、语言、思维的回应。课题组认为，出口任务设置要有综合性，即内容与语言的有机融合，以及活动与思维的深度关联。这是深度回应生成的重要条件，避免了回应的浅层化和表面化。

在出口任务设计时，教师应注重深度挖掘文本的独特性质，设计贴近文本的创新出口活动，让学生在参与出口任务活动中感受语言的魅力，帮助学生发散思维，激发他们的学习动机，并在真实或模拟的语境中回应并运用所学语言和知识，创造出具有个人特色的作品或见解。

二、过程与感悟

本课题的研究为期两年，其间课题组成员始终努力将"回应所学"这一主题实践于自己的教学中。在本课题研究之前，缺少完全针对性的前期研究。同主题参考文献的缺乏使我们在一开始经历了一段时间的迷茫与试错。好在作为课题负责人的浙江省教育厅教研室葛炳芳老师不厌其烦，悉心指点，耐心指导，在课题研究走偏时总能非常及时地提供修正协助，直击问题要害，使我们始终能不断前行,尽管跌跌撞撞,但也稳扎稳打,逐渐积累了可观的研究成果。

在课题研究初始阶段,课题组通过研读课标,明确了培养学生主动学习的意识及能力的重要性。然而,传统的英语阅读教学更加侧重教师对学生的知识单向传授,很少关注课堂中学生的主动、真实回应。因此,课题组确立研究方向为"促进主动学习的英语阅读课堂教学改进行动"省重点课题下的子课题"回应所学",初步明确将"回应所学"的概念界定为"回应所学即回应输入,关联已知,主动思考,依据学生学习情况,推进阅读课堂教学活动的深入开展"。随后,课题组首先进行了大量的文献查找与学习,明确研究聚焦问题和切入点,同步开展现状调研、梳理相关问题、初步形成课题方案。

带着对"主动学习"和"回应所学"的初步浅层理解,课题组参加浙江省高中英语阅读教研课题第一次现场会活动。活动前,课题组第一次尝试以"主动学习"的视角设计人教版高中英语必修三 Unit 5 Reading and Thinking: *The Million Pound Bank Note*,经过多轮磨课,在活动中,课题组呈现了精彩的说课实践,展示了我们对于"回应所学"的理解和实践尝试。同时,活动中的文献交流和公开课观摩、评课环节,我们与其他不同视角的课题组深入交流,热烈讨论,取长补短,极大深化了我们对相关概念的认知。该阶段,课题组通过多次讨论达成共识:回应所学不是对于文本信息单纯加工后的输出,而是基于可理解输入与原有图式的关联,做出与所学在内容、语言和思维上协同的输出。因而,注意所学和关联所学是回应所学的必然前提,可理解性输入是学生回应所学的辅助支架,意义建构是回应所学的内在表征,主动学习是回应所学的内驱动力。

基于上述思考,课题组开展了第二阶段的研究。我们进一步阅读大量文献,并以课堂教学改进行动为基本,开展多次行动研究,逐步明晰"回应所学"的概念及现状问题。我们通过多次课堂观察、实践、反思,总结出回应所学在教学中存在缺乏回应、低质回应(包括浅层回应、无效回应和被动回应)这两种问题现状。并且,通过进一步观察和思考,我们得出其背后原因为教师未考虑回应的主体、未设置回应的铺垫、未挖掘回应的深度。在此认知基础上,我们继续实践,尝试探索可行教学策略。我们参加了在武义举办的浙江省"关键问题解决研训"活动以及浙江省高中英语阅读教研课题第二次现场会活动,再次以"回应所学"的视角设计人教版高中英语必修二 Unit 1 Reading and Thinking：*From Problems to Solutions*,进行磨课和公开课实践,并观摩多节省、市级公开课,从"回应所学"的视角进行评课,在多次活动中,不断验证发现、改进研究所得。通过梳理相关问题,我们经过多次修改,进一步完善研究方案,并申报相关省级课题。

第三阶段,课题组逐步将明晰的理论加以实际验证,提出可操作的定义。经过多次讨论、实践、修改,我们研发出课堂观察量表,初步形成有效教学策略。在该阶段,课题组参加了 2024 年温州市普通高中英语新课程新教材"素养课堂"项目组第六次研讨活动暨课题组第一次研讨活动。活动中,项目组成员听取"回应所学"相关讲座,随后分组进行同课异构备课。在备课过程中,课题组成员分别跟进每个项目小组,从"回应所学"角度对课堂设计进行指导。在同课异构展示环节中,课题组成员和项目组成员运用课堂观察量表,仔细观察课堂中"回应所学"的表现,最终形成评课和反思报告。随后,课题组参加浙江省高中英语阅读教研课题第三次现场会活动,以"回应所学"的视角设计人教版高中英语必修三 Unit 2 Reading and Thinking：*Mother of Ten Thousand Babies*。本次实践的完整课例在本书第四章具体呈现。现场会活动前,我们按照惯例反复阅读、讨论文献,集全课题小组之力反复磨课、备课,尽力将课题的最新研究发现呈现在课堂中。同时,我们积极参与课后的评课讨论,汲取各个小组的新思路,开展进一步思考研究。

每个阶段的研究,都是理论与实践相融合的过程。在研究的最后一个关键阶段,课题组对上一轮行动研究中凸显的问题进行调整、改进,并展开下一轮研究。我们继续以组内每月文献共读分享研讨会的形式进行理论学习,查阅更翔实资料,并对研究内容进行理论上的论证,撰写并发表论文;继续以组内每月观课评课研讨会的形式进行英语阅读课堂教学改进行动的交流与探索,应用于行动研究,总结促进学生回应所学的英语阅读教学策略,形成教学课例、开展公开课或交流课,推广研究成果。

通过研究、实践、反思,课题组成员逐渐明确,针对回应所学存在的缺乏回应、低质回应的问题,教师可通过创设情境、搭建支架、整合多维交互、设计综合有侧重的出口任务等方式,优化活动设计,促进回应所学。课堂中,教师可通过构建意义协商、提供情感支持等方式,推进课堂互动,促进回应所学。

三、后续研究启示

通过为期近两年的研究,课题组取得了一定的成果,明确了主动学习视阈下的英语阅读教学中的回应所学存在的问题,提出了一些行动改进策略,希望能对读者的课堂实践和进一步研究有所启发。然而,英语阅读教学是一项复杂且全方位的任务,它要求我们持之以恒地思考与探究。本研究仍有多重维度和深度值得未来研究者进一步探索。

1. 学生的语言水平存在差异,因此回应的能力也不尽相同。若希望在日常教学中长期贯彻主动学习,逐步促进对所学的回应质量,针对不同语言水平的学生,应如何区别设计课堂活动? 不同策略的使用时机和使用程度是否应该不同? 课堂设计应如何更好顺应学生回应能力的不断发展?

2. 推进主动学习视阈下英语阅读教学的回应所学,除了本书所列举的影响因素和行动措施外,是否还有其他因素影响学生对所学的回应质量? 是否还有其他可行策略能促进回应? 答案是肯定的。因此,我们需在后续的研究中坚持研读最新文献成果,不断观察、不断实践、不断反思,争取完善此项研究,提供更全面的教学参考。

3. 学生的回应所学,是贯穿课堂始终的。学生回应的质量高低,反映了主动学习的效果。如何将当下研究进行量化,直观反映出回应的质量,使授课教师或观课教师明确感知主动学习在阅读课堂的推进成效? 这是我们在后续需要思考的要点。

4. 本研究侧重于关注主动学习视阈下的英语阅读教学中的回应所学。实际上,主动学习发生在学习的全过程。因此,如何在阅读以外的其他课型教学中实践此理念,是课题组计划进一步探究的方向之一。

5. 主动学习是学生必备的学习能力之一。课题组认为,将主动学习的课堂实践拓展到各个年段(如小学、初中、高中、大学),可使学生真正掌握此学习方法,获益终生。如何依据不同年段的学情有发展性地教授、实践主动学习,值得后续进行更多的思考和研究。

　　6. 推进主动学习,是英语阅读课堂的重要目标之一,也是许多教师想要努力践行的方向。从教师发展角度,如何改进使研究成果可操作性更强? 如何让回应成为教师教学设计和课堂设计的重要一环? 在后续的研究中,我们需要深入探究,将课题组的理念和策略进一步推广,以便更好帮助广大一线教师。

　　总之,为了推进主动学习视阈下的英语阅读教学中的回应所学,教师在教学中应关注关联已知、设计多维动态交互、出口任务设计指向表达,促进学生主动思考、主动回应。作为研究者,我们也应关联现有研究成果、借助不断的课堂实践与反思,主动思考,积极转变,在英语阅读教学研究中坚持努力前行。

参考文献

>>>

[1] Bonwell C C, Eison J A. 1991. Active Learning: Creating Excitement in the Classroom: ASHE-ERIC Higher Education Report No. 1 [R]. Washington DC: School of Education and Human Development, George Washington University.

[2] Boulima J A. 1999. Negotiated Interaction in Target Language Classroom Discourse [M]. Amsterdam, PA: John Benjamins.

[3] Cross K P. 1977. "Not can, but will college teaching be improved?"[C]. In John A Centra. Renewing and Evaluating Teaching: New Directions for Higher Education No. 17[C]. San Francisco: Jossey-Bass, 1-15.

[4] Ginsburg M. 2010. Improving educational quality through active-learning pedagogies: A comparison of five case studies [J]. Educational Research. 1 (3):62-74.

[5] Hattie J. 2009. Visible Learning: A Synthesis of Over 800 Meta-analyses Relating to Achievement [M]. New York, NY: Routledge.

[6] Holec H. 1981. Autonomy in foreign language learning [M]. Oxford: Pergamon.

[7] Kolb D A. 2014. Experiential learning: experience as the source of learning

and development（2nd edn.）［M］. Upper Saddle River，NJ：Pearson Education Pearson.

［8］Long M. 1981. Questions in foreigners talk discourse［J］. Language learning.（31）：135-137.

［9］Mohr K A J，Mohr E S. 2007. Extending English-language learners' classroom interactions using the response protocol［J］. The Reading Teacher. 60(5)：440-450.

［10］Moreno R，Mayer R E. 2000. Engaging students in active learning：The case for personalized multimedia messages［J］. Journal of educational psychology. 92(4)：724.

［11］Nunan D. 2003. Second language teaching and learning［M］. New York：Cambridge University Press.

［12］Rivers W M. 2000. Interactive language teaching［M］. Cambridge：Cambridge University Press.

［13］Swain M. 2000. The output hypothesis and beyond：Mediating acquisition through collaborative dialogue［C］. In J. P. Lantolf（Ed.）. Sociocultural Theory and Second Language Learning［C］. Oxford：Oxford University Press，97-114.

［14］Vygotsky L S. 1978. Mind in society：The development of higher psychological processes［M］. Cambridge，MA：Harvard University Press.

［15］Willis D，Willis J. 2007. Doing task-based teaching［M］. Oxford：Oxford University Press.

［16］蔡红. 2024. 主动学习视域下英语阅读课堂教师角色的实现路径［J］. 教学月刊·中学版(外语教学)，5：25-30.

［17］蔡美莲，叶咏梅. 2013. 高中英语阅读教学中文本解读的实践与思考［J］. 教学月刊(中学版)，4：31-33.

［18］蔡珍瑞. 2024. 依托自主提问培养主动学习能力的高中英语阅读教学［J］. 教学月刊·中学版(外语教学)，6：10-15.

［19］陈亚红，赵旭辉. 2016. 运用支架理论提高高中英语阅读教学的有效性［J］. 中小学外语教学，39/2：27-32.

［20］丁立芸. 2024. 促进学生主动回应，优化英语阅读教学［J］. 教学月刊·中

学版(外语教学)，7-8：35-39.

[21] 董艳焱，陈宏. 2010. 大学外语课堂教学中"话语权"的现状及应对策略[J]. 教育理论与实践，9：49-51.

[22] 葛炳芳，印佳欢. 2020. 英语学习活动观的阅读课堂教学实践[J]. 课程·教材·教法，40/6：102-108.

[23] 葛炳芳. 2021a. 实践课标理念，培养英语自主阅读能力——基于浙江省2021年高中英语教学活动评审的思考[J]. 教学月刊·中学版(外语教学)，10：3-6.

[24] 葛炳芳. 2021b. "英语阅读教学综合视野"的理论与实践[J]. 中小学英语教学与研究，10：37-43.

[25] 葛炳芳. 2024. 促进学生主动学习的英语阅读教学：内涵、活动设计要点及思考[J]. 教学月刊·中学版(外语教学)，1/2：51-57.

[26] 靳洪刚. 2018. 提问互动法：语言课堂教师提问的理论与实践[J]. 国际汉语教育(中英文)，3/1：46-62.

[27] 梁俊芳. 2023. 渗透文化意识培养的高中英语阅读教学实践[J]. 中小学外语教学(中学篇)，46/11：55-60.

[28] 刘徽. 2022. 大概念教学：素养导向的单元整体设计[M]. 北京：教育科学出版社.

[29] 吕宪军，王延玲. 2014. 基于教学目标的有效教学策略[J]. 教育理论与实践，34/26：47-49.

[30] 吕晓雅，肖克义. 2013. 高中英语课堂提问中的问题及对策[J]. 中小学外语教学(中学篇)，36/12：38-41.

[31] 宋颖超. 2024. 主动学习视域下学生英语阅读自主提问能力的培养策略[J]. 教学月刊·中学版(外语教学)，1/2：58-64.

[32] 沈萍. 2017. 小学英语课堂提问的现状分析及改进对策[J]. 中小学外语教学(小学篇)，40/12：7-12.

[33] 汪向华，苏殷旦. 2024. 例析促进学生主动建构意义的高中英语阅读教学路径[J]. 中小学外语教学(中学篇)，47/1：30-35.

[34] 王式街. 2015. 英语课堂中基于提问的思维品质培养[J]. 基础外语教育. 17/4：89-93.

[35] 叶立军，彭金萍. 2013. 课堂沉默现象的成因分析及其对策[J]. 教育理论与实践，33/17：44-46.

[36] 尹莱明. 2012. 交互式教学模式在高中英语阅读教学中的应用 [J]. 中小学教学研究,7：28-29.

[37] 印佳欢,葛炳芳. 2023. 多模态赋能语言教学中的意义建构 [J]. 中小学数字化教学,9：17-21.

[38] 约翰·杜威. 2005.我们怎样思维·经验与教育 [M]. 姜文闵,译. 北京：人民教育出版社.

[39] 周杰. 2018. 基于支架式教学理论的高中英语阅读教学课例研究[J]. 中小学教学研究,3：6-10.

[40] 中华人民共和国教育部. 2020. 普通高中英语课程标准(2017 年版 2020年修订)[M]. 北京:人民教育出版社.